변리사 시험 1차 대비 | 제4판

조현중 특허법

최종정리 핸드북

Patent Law

| 변리사 조현중

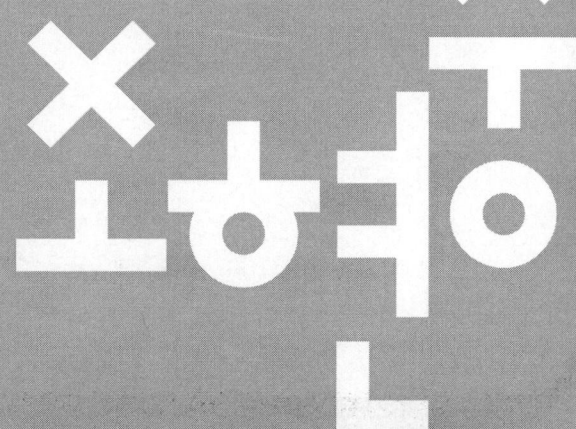

PREFACE

4th edition

2023년, 2022년, 2021년 최신 개정법 및 주요판례를 모두 정리했습니다.

변리사 시험 합격을 간절히 기도하겠습니다.

그동안 고생 많으셨습니다.

멋진 수기 기대하겠습니다.

그럼 2차 강의에서 뵙겠습니다.

감사합니다.

2023년 12월

변리사 조현중 올림

CONTENTS

PART 01 · 주요 개정법률 _ 2

제01장 · 2023년 주요 개정법률 —————————————————— 2
제02장 · 2022년 주요 개정법률 —————————————————— 4
제03장 · 2021년 주요 개정법률 —————————————————— 9

PART 02 · 주요 판례 정리 _ 59

제01장 · 2023년 대법원 주요판례 정리 ———————————————— 60
제02장 · 2022년 대법원 주요판례 정리 ———————————————— 75
제03장 · 2021년 대법원 주요판례 정리 ———————————————— 89

PART 03 · 주요 심사기준 정리 _ 103

PART 04 · 판례색인 _ 163

PART 01

주요 개정법률

CHAPTER 1   2023년 주요 개정법률
CHAPTER 2   2022년 주요 개정법률
CHAPTER 3   2021년 주요 개정법률

CHAPTER 01 2023년 주요 개정법률

/ 특허법 /

2023. 9. 14. 개정

▶ **심판청구서 직권보정**

보정할 사항이 경미하고 명확한 경우 심판장이 직권 보정 가능(제141조 제1항 단서 등)

구법	현행법
141① 심판장은 다음 각 호의 어느 하나에 해당하는 경우에는 기간을 정하여 그 보정을 명하여야 한다.	141① 심판장은 다음 각 호의 어느 하나에 해당하는 경우에는 기간을 정하여 그 보정을 명하여야 한다. **다만, 보정할 사항이 경미하고 명확한 경우에는 직권으로 보정할 수 있다.**
-	④ 심판장은 제1항 단서에 따라 직권보정을 하려면 그 직권보정 사항을 청구인에게 통지하여야 한다.
-	⑤ 청구인은 제1항 단서에 따른 직권보정 사항을 받아들일 수 없으면 직권보정 사항의 통지를 받은 날부터 7일 이내에 그 직권보정 사항에 대한 의견서를 심판장에게 제출하여야 한다.
-	⑥ 청구인이 제5항에 따라 의견서를 제출한 경우에는 해당 직권보정 사항은 처음부터 없었던 것으로 본다.
-	⑦ 제1항 단서에 따른 직권보정이 명백히 잘못된 경우 그 직권보정은 처음부터 없었던 것으로 본다.

▶ **참고인 의견서 제출**
심판장은 심리에 필요하다고 인정되는 경우 참고인에게 심판사건에 관한 의견서 제출하게 할 수 있음(제154조의3)

구법	현행법
-	154-3 ① 심판장은 산업에 미치는 영향 등을 고려하여 사건 심리에 필요하다고 인정되는 경우 공공단체, 그 밖의 참고인에게 심판사건에 관한 의견서를 제출하게 할 수 있다. ② 국가기관과 지방자치단체는 공익과 관련된 사항에 관하여 특허심판원에 심판사건에 관한 의견서를 제출할 수 있다. ③ 심판장은 제1항 또는 제2항에 따라 참고인이 제출한 의견서에 대하여 당사자에게 구술 또는 서면에 의한 의견진술의 기회를 주어야 한다. ④ 제1항 또는 제2항에 따른 참고인의 선정 및 비용, 준수사항 등 참고인 의견서 제출에 필요한 사항은 산업통상자원부령으로 정한다.

CHAPTER 02 2022년 주요 개정법률

/ 특허법 /

2022. 10. 18. 개정

▶ **특허료 및 수수료 반환청구기간 확대**

반환청구기간 미준수로 반환대상 수수료 및 특허료 돌려받지 못하는 사례 방지 위해 반환청구기간 연장하였다(제84조 제3항).

'3년' → '5년'

구법	현행법
84③ 제1항에 따른 특허료 및 수수료의 반환청구는 제2항에 따른 통지를 받은 날부터 **3년**이 지나면 할 수 없다.	84③ 제1항에 따른 특허료 및 수수료의 반환청구는 제2항에 따른 통지를 받은 날부터 **5년**이 지나면 할 수 없다.

/ 실용신안법 /

2022. 6. 10. 개정

▶ **침해죄 수사 개시 요건 완화**

실용신안권자 및 전용실시권자 권리 보호 강화 위해 특허법과 마찬가지로 침해죄를 친고죄에서 반의사불벌죄로 변경하였다(실용신안법 제45조 제2항).

'친고죄' → '반의사불벌죄'

구법	현행법
실45② 제1항의 죄는 **고소가 없으면** 공소를 제기할 수 없다.	실45② 제1항의 죄는 **피해자가 명시한 의사에 반하여** 공소를 제기할 수 없다.

/ 특허법 시행령 /

2022. 11. 1. 개정

▶ **반도체 관련 발명 우선심사사유 추가**

첨단산업 경쟁력 확보 위해 반도체 등 첨단기술 관련 특허출원 우선심사사유로 추가하였다(시행령 제9조 제1항 제2호의3). 참고로 실용신안에도 동일하게 우선심사사유로 추가하였다(실용신안법 시행령 제5조 제2호의2).

구법	현행법
-	9①ⅱ-3 반도체 등 국민경제 및 국가경쟁력 강화에 중요한 첨단기술과 관련된 특허출원(특허청장이 우선심사의 구체적인 대상과 신청 기간을 정하여 공고하는 특허출원으로 한정한다)

2022. 4. 19. 개정

▶ **미생물 기탁 절차 완화**

미생물 관련 발명의 출원절차 간소화 위해 국내 소재한 기탁기관에 미생물 기탁한 경우 미생물 기탁 사실 증명서류 첨부 생략 가능하게 되었다(시행령 제2조 제2항).

구법	현행법
령2② 제1항에 따라 미생물을 기탁한 자는 특허출원서에 산업통상자원부령으로 정하는 방법에 따라 그 취지를 적고, 미생물의 기탁 사실을 증명하는 서류(국제기탁기관에 기탁한 경우에는 특허절차상 미생물 기탁의 국제적 승인에 관한 부다페스트조약 규칙 제7규칙에 따른 수탁증 중 최신의 수탁증 사본을 말한다)를 첨부하여야 한다.	령2② 제1항에 따라 미생물을 기탁한 자는 특허출원서에 산업통상자원부령으로 정하는 방법에 따라 그 취지를 적고, 미생물의 기탁 사실을 증명하는 서류(국제기탁기관에 기탁한 경우에는 특허절차상 미생물 기탁의 국제적 승인에 관한 부다페스트조약 규칙 제7규칙에 따른 수탁증 중 최신의 수탁증 사본을 말한다)를 첨부하여야 한다. **다만, 국내에 소재지가 있는 국내기탁기관 또는 국제기탁기관에 해당 미생물을 기탁한 경우에는 미생물의 기탁 사실을 증명하는 서류를 첨부하지 않을 수 있다.**

/ **특허법 시행규칙** /

`2022. 7. 1. 개정`

▶ **반려사유 정비**

구법	현행법
-	시규11① v -3. 특허출원서에 제21조제5항 전단에 따른 임시 명세서를 첨부한 출원의 보정 전에 명세서, 요약서 또는 도면을 보정한 경우

▶ **서열목록 관련 절차 정비**

서열목록을 명세서에 적지 않고 그 서열목록을 수록한 전자파일을 첨부해 제출하도록 하고, 제출된 전자파일은 명세서 기재 중 일부로 간주한다(시행규칙 제21조의4).

구법	현행법
시규21-4① 핵산염기 서열 또는 아미노산 서열(이하 "서열"이라 한다)을 포함한 특허출원을 하려는 자는 특허청장이 정하는 방법에 따라 작성한 서열목록(이하 "서열목록"이라 한다)을 **명세서에 적고**, 그 서열목록을 수록한 전자파일(이하 "서열목록전자파일"이라 한다)을 특허청장이 정하는 방법에 따라 작성하여 특허출원서에 첨부하여야 한다. **다만, 특허청장이 정하는 방법에 따라 작성한 서열목록전자파일 형식으로 명세서에 적은 경우에는 서열목록전자파일을 첨부하지 아니하여도 된다.**	시규21-4① 핵산염기 서열 또는 아미노산 서열(이하 "서열"이라 한다)을 포함한 특허출원을 하려는 자는 특허청장이 정하는 방법에 따라 작성한 서열목록(이하 "서열목록"이라 한다)을 수록한 전자파일(이하 "서열목록전자파일"이라 한다)을 특허청장이 정하는 방법에 따라 작성하여 특허출원서에 **첨부해야 한다.** ② 제1항에 따라 특허출원서에 서열목록전자파일이 첨부된 경우에는 명세서의 발명의 설명에 서열목록전자파일에 수록된 서열목록을 기재한 것으로 본다.

▶ **전문심리위원 참여 결정 취소 사유 추가**

전문심리위원이 거짓이나 그 밖의 부정한 행위를 한 경우 심판절차 참여 결정을 취소한다(시행규칙 제65조의4 제2항).

구법	현행법
시규65-4② 심판장이 법 제154조의2 제5항에 따라 준용되는「민사소송법」제164조의3제1항에 따라 전문심리위원의 심판절차 참여 결정을 취소할 수 있는 경우는 다음 각 호의 어느 하나에 해당하는 경우로 한다. i. 심신상의 장애로 전문심리위원의 직무를 수행할 수 없는 경우 ii. 전문심리위원으로서 적합하지 않은 행위가 있는 경우 iii. 그 밖에 전문심리위원으로 계속 활동하기 어렵다고 인정할 만한 상당한 이유가 있는 경우	시규65-4② 심판장이 법 제154조의2 제5항에 따라 준용되는「민사소송법」제164조의3제1항에 따라 전문심리위원의 심판절차 참여 결정을 취소할 수 있는 경우는 다음 각 호의 어느 하나에 해당하는 경우로 한다. i. **거짓이나 그 밖의 부정한 행위가 있다고 인정되는 경우** ii. 심신상의 장애로 전문심리위원의 직무를 수행할 수 없는 경우 iii. 전문심리위원으로서 적합하지 않은 행위가 있는 경우 iv. 그 밖에 전문심리위원으로 계속 활동하기 어렵다고 인정할 만한 상당한 이유가 있는 경우

`2022. 4. 19. 개정`

▶ **분리출원 관련 규정 신설**

반려사유(시행규칙 제11조 제1항 제5호의3, 제5호의4), 심사순위(시행규칙 제38조 제2항), 특허여부결정 보류 제한(시행규칙 제40조의2 제1항 제1호), 특허출원심사유예 제한(시행규칙 제40조의3 제3항 제1호).

현행법
시규11① ⅴ-3. 법 제52조의2제1항에 따라 분리출원을 하려는 경우로서 특허출원서에 최초로 첨부한 명세서에 **청구범위를 적지 않거나** 명세서 및 도면(설명 부분만 해당한다)을 **국어가 아닌 언어로 적은 경우** ⅴ-4. 법 제52조의2제2항에 따른 **분리출원을 기초로 새로운 분할출원, 분리출원 또는 변경출원을 하는 경우**
시규38② 제1항에도 불구하고 다음 각 호의 어느 하나에 해당하는 경우에는 원출원의 심사청구 순위에 따라 심사한다. ⅰ. 심사청구된 특허출원을 법 제52조에 따라 분할출원하여 심사청구한 경우 ⅱ. **심사청구된 특허출원을 법 제52조의2에 따라 분리출원하여 심사청구한 경우** ⅲ. 심사청구된 실용신안등록출원을 법 제53조에 따라 특허출원으로 변경출원하여 심사청구한 경우
시규40-2① 심사관은 특허출원심사의 청구 후 출원인이 특허출원일부터 6개월 이내에 별지 제22호의2서식의 결정 보류신청서를 특허청장에게 제출하는 경우에는 특허출원일부터 12개월이 경과하기 전까지 특허여부결정을 보류할 수 있다. 다만, 다음 각 호에 해당하는 경우에는 그러하지 아니하다. ⅰ. 특허출원이 분할출원, **분리출원** 또는 변경출원인 경우
시규40-3③ 심사관은 제1항에 따른 심사유예신청이 있으면 유예희망시점까지 특허출원에 대한 심사를 유예할 수 있다. 다만, 다음 각 호에 해당하는 경우에는 그러하지 아니하다. ⅰ. 특허출원이 분할출원, **분리출원**, 변경출원 또는 정당한 권리자의 출원인 경우

CHAPTER 03 | 2021년 주요 개정법률

/ 특허법 /

2021. 10. 19. 개정

▶ **추후보완사유 완화**

출원인, 특허권자의 권리구제를 확대하기 위하여 제17조 제외하고 출원 및 특허권 회복요건을 합리적 기준으로 완화하였다(제16조 제2항, 제67조의3, 제81조의3). '책임질 수 없는 사유' → '정당한 사유(예 : 지병으로 인한 입원, 수수료 자동이체 오류 등)'

구법	현행법
16② 특허청장 또는 특허심판원장은 제1항에 따라 특허에 관한 절차가 무효로 된 경우로서 지정된 기간을 지키지 못한 것이 **보정명령을 받은 자가 책임질 수 없는 사유**에 의한 것으로 인정될 때에는 그 사유가 소멸한 날부터 2개월 이내에 보정명령을 받은 자의 청구에 따라 그 무효처분을 취소할 수 있다. 다만, 지정된 기간의 만료일부터 1년이 지났을 때에는 그러하지 아니하다.	16② 특허청장 또는 특허심판원장은 제1항에 따라 특허에 관한 절차가 무효로 된 경우로서 지정된 기간을 지키지 못한 것이 **정당한 사유**에 의한 것으로 인정될 때에는 그 사유가 소멸한 날부터 2개월 이내에 보정명령을 받은 자의 청구에 따라 그 무효처분을 취소할 수 있다. 다만, 지정된 기간의 만료일부터 1년이 지났을 때에는 그러하지 아니하다.

▶ **거절심 불복기간 확대**

거절결정 후 출원인에게 충분한 준비기간을 제공함으로써 기간연장 등의 불필요한 행정처리를 최소화하고자 거절결정 등에 대한 심판 및 재심사 청구기간을 확대하였다(제52조 제1항 제2호, 제53조 제1항 제1호, 제67조의2 제1항, 제132조의17). '30일' → '3개월'

구법	현행법
132-17 특허거절결정 또는 특허권의 존속기간의 연장등록거절결정을 받은 자가 결정에 불복할 때에는 그 결정등본을 송달받은 날부터 **30일** 이내에 심판을 청구할 수 있다.	132-17 특허거절결정 또는 특허권의 존속기간의 연장등록거절결정을 받은 자가 결정에 불복할 때에는 그 결정등본을 송달받은 날부터 **3개월** 이내에 심판을 청구할 수 있다.

▶ **재심사청구 기간 확대**

특허결정등본 송달받은 날부터 설정등록 받기 전까지도 재심사청구 가능하게 되었다(제67조의2 제1항, 제3항).

'거절결정 받은 후' → '특허결정 또는 거절결정 받은 후'

구법	현행법
67-2① 특허출원인은 그 특허출원에 관하여 **특허거절결정등본을 송달받은 날부터 30일**(제15조제1항에 따라 제132조의17에 따른 기간이 연장된 경우 그 연장된 기간을 말한다) 이내에 그 특허출원의 명세서 또는 도면을 보정하여 해당 특허출원에 관한 재심사(이하 "재심사"라 한다)를 청구할 수 있다. **다만, 재심사를 청구할 때에 이미 재심사에 따른 특허거절결정이 있거나 제132조의17에 따른 심판청구가 있는 경우에는 그러하지 아니하다.**	67-2① 특허출원인은 그 특허출원에 관하여 **특허결정의 등본을 송달받은 날부터 제79조에 따른 설정등록을 받기 전까지의 기간 또는 특허거절결정등본을 송달받은 날부터 3개월**(제15조제1항에 따라 제132조의17에 따른 기간이 연장된 경우 그 연장된 기간을 말한다) 이내에 그 특허출원의 명세서 또는 도면을 보정하여 해당 특허출원에 관한 재심사(이하 "재심사"라 한다)를 청구할 수 있다. **다만, 다음 각 호의 어느 하나에 해당하는 경우에는 그러하지 아니하다.** ⅰ. 재심사를 청구할 때에 이미 재심사에 따른 특허여부의 결정이 있는 경우 ⅱ. 제132조의17에 따른 심판청구가 있는 경우(제176조제1항에 따라 특허거절결정이 취소된 경우는 제외한다) ⅲ. 그 특허출원이 분리출원인 경우

▶ **기존 판례 결론 가혹하다고 보고, 분할·분리출원시 원출원 우선권주장 효력 자동 승계 규정 도입**

원출원에서 우선권주장이 있으면 분할·분리출원시 그 효력을 자동승계한다(제52조 제4항, 제5항, 제52조의2 제2항).

'분할출원시 우선권주장 취지 표시 등 필요' → '분할·분리출원시 우선권주장 취지 표시 등 불요'

구법	현행법
-	52④ 분할의 기초가 된 특허출원이 제54조 또는 제55조에 따라 우선권을 주장한 특허출원인 경우에는 제1항에 따라 분할출원을 한 때에 그 분할출원에 대해서도 우선권 주장을 한 것으로 보며, 분할의 기초가 된 특허출원에 대하여 제54조 제4항에 따라 제출된 서류 또는 서면이 있는 경우에는 분할출원에 대해서도 해당 서류 또는 서면이 제출된 것으로 본다. ⑤ 제4항에 따라 우선권을 주장한 것으로 보는 분할출원에 관하여는 제54조 제7항 또는 제55조 제7항에 따른 기한이 지난 후에도 분할출원을 한 날부터 30일 이내에 그 우선권 주장의 전부 또는 일부를 취하할 수 있다.

▶ **국내 우선권주장 가능 시기 명확화**

특허결정된 경우 설정등록을 하지 않았다면 출원일로부터 1년 이내에 국내 우선권주장 출원 가능함을 명시하였다(제55조 제1항 제4호, 제8항, 제56조 제1항 제2호).

'특허여부결정 확정 전' → '설정등록 또는 거절결정 확정 전'

구법	현행법
55①iv. 그 특허출원을 할 때에 선출원이 **특허여부의 결정, 실용신안등록 여부의 결정** 또는 거절한다는 취지의 심결이 확정된 경우	55①iv. 그 특허출원을 할 때에 선출원이 **설정등록되었거나 특허거절결정, 실용신안등록거절결정** 또는 거절한다는 취지의 심결이 확정된 경우
-	⑧ 제1항에 따른 우선권 주장의 기초가 된 선출원은 제79조에 따른 설정등록을 받을 수 없다. 다만, 해당 선출원을 기초로 한 우선권 주장이 취하된 경우에는 그러하지 아니하다.

▶ **분할출원 확대 개념으로 분리출원 제도 신설**

거절결정에 대한 심판청구가 기각된 후에도 거절결정에 포함되지 않은 청구항을 분리하여 출원할 수 있는 분리출원 제도 도입하였다(제52조의2 분리출원, 제59조 제3항 심사청구, 제62조 제6호 거절이유, 제67조의2 제1항 제3호 재심사

청구 제한, 제84조 제1항 제4호 출원료 및 우선권주장 신청료 반환사유, 제92조의2 제4항 제2호의2 등록지연 기준일, 제133조 제1항 제7호 특허무효사유).

분할출원	분리출원
원출원 최명도 내	원출원 최명도 + 거불심 청구된 청구범위 내
명도 보정기간 거절 받은 날부터 3개월 특절 받은 날부터 3개월 또는 설정등록일 중 빠른 날	거불심 기각심결 받은 날부터 30일

52-2 ① 특허거절결정을 받은 자는 제132조의17에 따른 심판청구가 기각된 경우 그 심결의 등본을 송달받은 날부터 30일(제186조 제5항에 따라 심판장이 부가기간을 정한 경우에는 그 기간을 말한다) 이내에 그 특허출원의 출원서에 최초로 첨부된 명세서 또는 도면에 기재된 사항의 범위에서 그 특허출원의 일부를 새로운 특허출원으로 분리할 수 있다. 이 경우 새로운 특허출원의 청구범위에는 다음 각 호의 어느 하나에 해당하는 청구항만을 적을 수 있다.
i. 그 심판청구의 대상이 되는 특허거절결정에서 거절되지 아니한 청구항
ii. 거절된 청구항에서 그 특허거절결정의 기초가 된 선택적 기재사항을 삭제한 청구항
iii. 제1호 또는 제2호에 따른 청구항을 제47조 제3항 각 호(같은 항 제4호는 제외한다)의 어느 하나에 해당하도록 적은 청구항
iv. 제1호부터 제3호까지 중 어느 하나의 청구항에서 그 특허출원의 출원서에 최초로 첨부된 명세서 또는 도면에 기재된 사항의 범위를 벗어난 부분을 삭제한 청구항
② 제1항에 따라 분리된 특허출원(이하 "분리출원"이라 한다)에 관하여는 제52조 제2항부터 제5항까지의 규정을 준용한다. 이 경우 "분할"은 "분리"로, "분할출원"은 "분리출원"으로 본다.
③ 분리출원을 하는 경우에는 제42조의2제1항 후단 또는 제42조의3제1항에도 불구하고 특허출원서에 최초로 첨부한 명세서에 청구범위를 적지 아니하거나 명세서 및 도면(도면 중 설명부분에 한정한다)을 국어가 아닌 언어로 적을 수 없다.
④ 분리출원은 새로운 분리출원, 분할출원 또는 「실용신안법」 제10조에 따른 변경출원의 기초가 될 수 없다.

▶ **법정실시권 사유 추가**

공유물분할청구로 공유특허권이 경매에 따라 타인에게 이전되었을 때 법정실시권 부여하여 실시사업 계속할 수 있도록 함으로써 공유특허권자 보호하는 규정 도입하였다(제122조).

'질권설정 전 실시 중' → '질권설정 또는 공유 특허권 분할청구 전 실시 중'

구법	현행법
122 **특허권자**는 특허권을 목적으로 하는 **질권설정** 이전에 그 특허발명을 실시하고 있는 경우에는 그 특허권이 경매 등에 의하여 이전되더라도 그 특허발명에 대하여 통상실시권을 가진다. 이 경우 특허권자는 경매 등에 의하여 특허권을 이전받은 자에게 상당한 대가를 지급하여야 한다.	122 **특허권자(공유인 특허권을 분할청구한 경우에는 분할청구를 한 공유자를 제외한 나머지 공유자를 말한다)**는 특허권을 목적으로 하는 **질권설정 또는 공유인 특허권의 분할청구** 이전에 그 특허발명을 실시하고 있는 경우에는 그 특허권이 경매 등에 의하여 이전되더라도 그 특허발명에 대하여 통상실시권을 가진다. 이 경우 특허권자는 경매 등에 의하여 특허권을 이전받은 자에게 상당한 대가를 지급하여야 한다.

2021. 8. 17. 개정

▶ **직권보정범위 제한**

출원인이 의도하지 않은 보정 발생 방지 위해 직권보정이 신규사항추가이거나 명백히 잘못되지 아니한 사항을 보정한 경우 무효 간주한다(제66조의2 제1항, 제6항).

구법	현행법
–	66-2① 심사관은 제66조에 따른 특허결정을 할 때에 특허출원서에 첨부된 명세서, 도면 또는 요약서에 적힌 사항이 명백히 잘못된 경우에는 직권으로 보정(이하 "직권보정"이라 한다)할 수 있다. **이 경우 직권보정은 제47조 제2항에 따른 범위에서 하여야 한다.** ⑥ **직권보정이 제47조 제2항에 따른 범위를 벗어나거나 명백히 잘못되지 아니한 사항을 직권보정한 경우 그 직권보정은 처음부터 없었던 것으로 본다.**

▶ **특허료 및 수수료 감면사유 추가**

코로나19 등으로 인한 재난사태 또는 특별재난지역이 선포된 지역에 거주하거나 주된 사무소를 두고 있어 어려움을 겪고 있는 자를 위해 감면 규정 마련하였다(제83조 제2항 제2호).

구법	현행법
-	83② 특허청장은 다음 각 호의 어느 하나에 해당하는 자가 한 특허출원 또는 그 특허출원하여 받은 특허권에 대해서는 제79조 및 제82조에도 불구하고 산업통상자원부령으로 정하는 특허료 및 수수료를 감면할 수 있다. ⅰ. 국민기초생활 보장법에 따른 의료급여 수급자 **ⅱ. 재난 및 안전관리 기본법 제36조에 따른 재난사태 또는 같은 법 제60조에 따른 특별재난지역으로 선포된 지역에 거주하거나 주된 사무소를 두고 있는 자 중 산업통상자원부령으로 정하는 요건을 갖춘 자** ⅲ. 그 밖에 산업통상자원부령으로 정하는 자

▶ **특허료 및 수수료 부당감면자 제재 신설**

부당감면 사례 예방 위해 부당감면이 발생할 경우 부당감면액의 2배를 징수하고 일정기간 동안 다른 특허료, 수수료에 대해 감면받지 못하도록 제재하는 규정을 신설하였다(제83조 제4항).

구법	현행법
-	83④ 특허청장은 제2항에 따른 특허료 및 수수료 감면을 거짓이나 그 밖의 부정한 방법으로 받은 자에 대하여는 산업통상자원부령으로 정하는 바에 따라 감면받은 특허료 및 수수료의 2배액을 징수할 수 있다. 이 경우 그 출원인 또는 특허권자가 하는 특허출원 또는 그 특허출원하여 받은 특허권에 대해서는 산업통상자원부령으로 정하는 기간 동안 제2항을 적용하지 아니한다.

▶ **심사청구료 반환사유 확대**

구법에서는 선행기술조사가 되지 않은 상태에서 심사관 심사 전에 출원이 취하·포기된 경우에만 심사청구료가 반환되었으나, 개정법에서는 선행기술조사와 무관하게 심사관 심사 전에 출원이 취하·포기되면 심사청구료 전액 반환되고, 심사 후라도 일정기간 내 출원이 취하·포기되면 심사청구료 1/3 반환된다(제84조 제1항 제5호, 제5호의2).

구법	현행법
84① v. 출원심사의 청구를 한 이후 다음 각 목 중 어느 하나가 있기 전까지 특허출원을 취하(제53조 제4항 또는 제56조 제1항 본문에 따라 취하된 것으로 보는 경우를 포함한다)하거나 포기한 경우 이미 낸 심사청구료 나. 제58조 제1항에 따라 의뢰된 선행기술의 조사업무에 대한 결과 통지	84① v. 출원심사의 청구를 한 이후 다음 각 목 중 어느 하나가 있기 전까지 특허출원을 취하(제53조 제4항 또는 제56조 제1항 본문에 따라 취하된 것으로 보는 경우를 포함한다. **이하 이 조에서 같다**)하거나 포기한 경우 이미 낸 심사청구료 나. **삭제**
-	84① v-2. **출원심사의 청구를 한 이후 다음 각 목의 어느 하나에 해당하는 기간 내에 특허출원을 취하하거나 포기한 경우 이미 낸 심사청구료의 3분의 1에 해당하는 금액** 가. 제5호가목에 따른 신고 명령 후 신고기간 만료 전까지 나. 제5호다목에 따른 거절이유통지(제47조 제1항 제1호에 해당하는 경우로 한정한다) 후 의견서 제출기간 만료 전까지

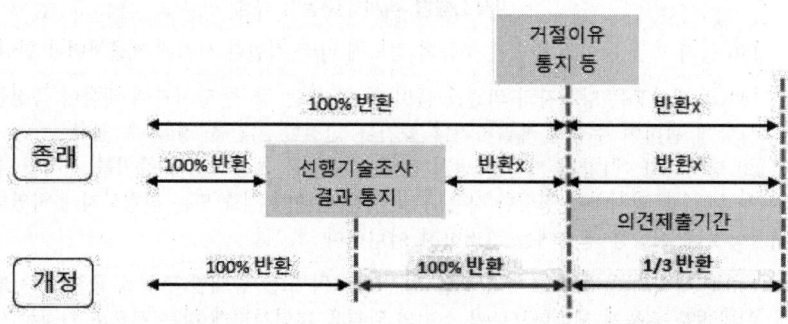

▶ **심판사건 지원인력 마련**

법원에서의 조사관, 재판연구원, 재판연구관 등의 지원인력 운영을 참고하여, 심판원에도 심판 전문성 강화 위해 지원인력을 둘 수 있는 근거를 마련하였다 (제132조의16 제3항).

구법	현행법
–	132-16③ **특허심판원에 제1항에 따른 조사·연구와 그 밖의 사무를 담당하는 인력을 둘 수 있다.**

▶ **심판사건 적시제출주의 도입**

구법은 심판절차에서 주장·증거 제출시기에 제한이 없어 심리가 지연되는 문제가 발생했다. 현행법에서는 이의 개선 위해 민사소송법의 적시제출주의 규정을 도입했으며, 심판장이 요구하는 시기보다 고의 또는 중과실에 의하여 뒤늦게 주장·증거를 제출하면 심리에 반영되지 않고 각하되어 불이익 받을 수 있다(제158조의2).

구법	현행법
–	158-2 **심판절차에서의 주장이나 증거의 제출에 관하여는 민사소송법 제146조, 제147조 및 제149조를 준용한다.**

민사소송법 적시제출주의 규정

146 공격 또는 방어의 방법은 소송의 정도에 따라 적절한 시기에 제출하여야 한다.

147① 재판장은 당사자의 의견을 들어 한 쪽 또는 양 쪽 당사자에 대하여 특정한 사항에 관하여 주장을 제출하거나 증거를 신청할 기간을 정할 수 있다.
② 당사자가 제1항의 기간을 넘긴 때에는 주장을 제출하거나 증거를 신청할 수 없다. 다만 당사자가 정당한 사유로 그 기간 이내에 제출 또는 신청하지 못하였다는 것을 소명한 경우에는 그러하지 아니하다.

149① 당사자가 제146조의 규정을 어기어 고의 또는 중대한 과실로 공격 또는 방어방법을 뒤늦게 제출함으로써 소송의 완결을 지연시키게 하는 것으로 인정할 때에는 법원은 직권으로 또는 상대방의 신청에 따라 결정으로 이를 각하할 수 있다.
② 당사자가 제출한 공격 또는 방어방법의 취지가 분명하지 아니한 경우에 당사자가 필요한 설명을 하지 아니하거나 설명할 기일에 출석하지 아니한 때에는 법원은 직권으로 또는 상대방의 신청에 따라 결정으로 이를 각하할 수 있다.

▶ **심판·조정 연계제도 도입**

심판 위주의 지재권 분쟁 해결은 고비용·장기간 소요로 중소기업 등에게 큰 부담으로 작용하고 있어 조정제도를 적극 활용할 필요가 있다. 그러나 구법에서는 분쟁 당사자의 신청에 의해서만 조정위원회의 조정절차가 진행되어 활용에 한계가 있었다. 이의 개선 위해 현행법에서는 심판장이 필요한 경우 심판사건을 양당사자의 동의 얻어 조정위원회에 회부할 수 있도록 하였다. 조정위원회에 회부된 심판사건은 회부된 때로부터 3개월 내 양당사자 간 합의에 의해 신속히 사건 종결될 수 있도록 유도된다(제164조의2, 제217조 제1항 제1호의2).

구법	현행법
-	164-2① 심판장은 심판사건을 합리적으로 해결하기 위하여 필요하다고 인정되면 당사자의 동의를 받아 해당 심판사건의 절차를 중지하고 결정으로 해당 사건을 조정위원회에 회부할 수 있다. ② 심판장은 제1항에 따라 조정위원회에 회부한 때에는 해당 심판사건의 기록을 조정위원회에 송부하여야 한다. ③ 심판장은 조정위원회의 조정절차가 조정 불성립으로 종료되면 제1항에 따른 중지 결정을 취소하고 심판을 재개하며, 조정이 성립된 경우에는 해당 심판청구는 취하된 것으로 본다.
-	217① 특허출원·심사·특허취소신청·심판·재심에 관한 서류 또는 특허원부는 다음 각 호의 어느 하나에 해당하는 경우에만 외부로 반출할 수 있다. ⅰ-2 제164조의2 제2항에 따른 조정을 위하여 특허출원·심사·특허취소신청·심판·재심에 관한 서류 또는 특허원부를 반출하는 경우

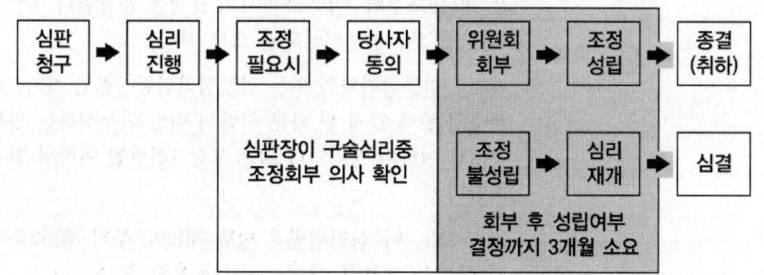

`2021. 4. 20. 개정`

▶ **전문심리위원 도입**

심판 전문성 강화 위해 기술분야 전문가와 협력하는 전문심리위원 제도를 도입하였다. 심판장은 심판 중 전문심리위원 참여가 필요하다고 판단하면 기술분야별로 모집한 후보자 중 한명 또는 그 이상을 양당사자 의견을 청취하여 전문심리위원으로 지정할 수 있다. 전문심리위원은 심판장의 요청에 응해 심판사건 기술내용에 관한 설명이나 의견을 제시하는 역할을 수행한다.

전문심리위원은 공정성에 우려가 있는 경우 제척·기피될 수 있으며, 공직자에 준해서 비밀누설죄, 뇌물죄의 대상이 될 수 있다(제154조의2, 제226조 제2항, 제226조의2 제2항).

구법	현행법
-	154-2 ① 심판장은 직권에 따른 결정으로 전문심리위원을 지정하여 심판절차에 참여하게 할 수 있다. ② 심판장은 제1항에 따라 전문심리위원을 심판절차에 참여시키는 경우 당사자의 의견을 들어 각 사건마다 1명 이상의 전문심리위원을 지정하여야 한다. ③ 전문심리위원에게는 산업통상자원부령으로 정하는 바에 따라 수당을 지급하고, 필요한 경우에는 그 밖의 여비, 일당 및 숙박료를 지급할 수 있다. ④ 전문심리위원의 지정에 관하여 그 밖에 필요한 사항은 산업통상자원부령으로 정한다. ⑤ 제1항에 따른 전문심리위원에 관하여는 민사소송법 제164조의2 제2항부터 제4항까지 및 제164조의3을 준용한다. 이 경우 "법원"은 "심판장"으로 본다. ⑥ 제1항에 따른 전문심리위원의 제척 및 기피에 관하여는 제148조부터 제152조까지의 규정을 준용한다. 이 경우 "심판관"은 "전문심리위원"으로 본다.
-	226② 전문심리위원 또는 전문심리위원이었던 자가 그 직무수행 중에 알게 된 다른 사람의 비밀을 누설하는 경우에는 2년 이하의 징역이나 금고 또는 1천만원 이하의 벌금에 처한다.
-	226-2② 전문심리위원은 형법 제129조부터 제132조까지의 규정을 적용할 때에는 공무원으로 본다.

/ 특허법 시행령 /

2021. 6. 22. 개정

▶ 코로나19 관련 발명 우선심사사유 추가

구법	현행법
-	령9② 법 제61조 제3호에서 "대통령령으로 정하는 특허출원"이란 다음 각 호의 어느 하나에 해당하는 특허출원을 말한다. ⅰ. 다음 각 목의 어느 하나에 해당하는 것으로서 특허청장이 정하여 고시하는 특허출원 　가. 감염병의 예방 및 관리에 관한 법률 제2조 제21호에 따른 의료·방역 물품과 직접 관련된 특허출원 　나. 재난 및 안전관리 기본법 제73조의4에 따라 인증을 받은 재난안전제품과 직접 관련된 특허출원 ⅱ. 재난으로 인한 긴급한 상황에 대응하기 위해 특허청장이 우선심사 신청 기간을 정해 공고한 대상에 해당하는 특허출원

특허법 시행규칙

`2021. 6. 10. 개정`

▶ 반려사유 정비

구법	현행법
시규11①xx 법 제52조 제1항 단서에 따라 국어번역문이 제출되지 아니하거나 법 제53조 제1항 제2호, 법 제59조 제2항 제2호 또는 법 제64조 제2항 제2호에 해당하는 경우	시규11①xx **법 제47조 제5항 또는** 제52조 제1항 단서에 따라 국어번역문이 제출되지 아니하거나 법 제53조 제1항 제2호, 법 제59조 제2항 제2호 또는 법 제64조 제2항 제2호에 해당하는 경우

참고법령문제

절차능력	
본인	대리인
제3조, 제4조, 제5조¹⁾, 제10조, 제11조, 제13조	제6조, 제7조, 제7조의2, 제9조, 제12조, 시규 제5조의2(포괄위임이란 것이 있음), 139조의2(심판에서의 국선대리)

01 절차능력에 관한 설명으로 옳은 것은?

① 미성년자, 피한정후견인 또는 피성년후견인은 독립하여 법률행위를 할 수 있는 경우라면 법정대리인에 의하지 않고 절차를 밟을 수 있다.
② 법인이 아닌 사단 또는 재단으로서 대표자나 관리인이 정하여져 있는 경우에는 그 사단 또는 재단의 이름으로 특허취소신청인, 특허무효심판의 피청구인이 될 수 있다.
③ 대한민국 국민은 국내에 주소 또는 영업소가 없더라도 특허관리인에 의하지 않고 특허에 관한 절차를 밟을 수 있다.
④ 특허청장은 특허에 관한 절차를 밟는 자가 절차를 원활히 수행할 수 없다고 인정되면 대리인을 선임할 것을 명할 수 있고, 대리인을 선임할 것을 명령한 경우는 그 전에 한 특허에 관한 절차 중 일부에 대해서만 무효로 할 수도 있다.
⑤ 2인 이상이 공동으로 출원한 후 대표자를 선정하여 특허청장에게 신고했다면 대표자는 특별수권 없이 변경출원을 할 수 있다.

해 설
① 피성년후견인은 불가하다(특허법 제3조 제1항 단서).
② 특허무효심판의 피청구인은 특허권자이므로 비법인사단 등이 될 수 없다(특허법 제4조).
③ 국적이 중요한 것이 아니라 재내자인지가 중요하다. 대한민국 국민이라 할지라도 국내에 체류하는 경우를 제외하고는 재외자라면 특허관리인이 필요하다(특허법 제5조 제1항).

---

1) Cf) 시규 제11조 제1항 제6호, 제206조, 제220조

④ 취사선택 가능하다(특허법 제10조 제4항).
⑤ 대표자라도 복수 당사자의 특별수권 없이는 특허법 제11조 제1항 각호의 사항의 절차를 밟을 수 없다(심사기준).

정답 ④

02 대리인에 관한 설명 중 옳은 것은?

① 국내에 주소 또는 영업소가 있는 자로부터 특허에 관한 절차를 밟을 것을 위임받은 대리인과 달리 특허관리인은 특별히 권한을 위임받지 않더라도 특허법 제132조의17에 따른 거절결정불복심판을 청구할 수 있다.
② 미성년자에 대한 송달은 그 법정대리인에게 하여야 한다.
③ 특허에 관한 절차를 밟는 자의 대리인이 2인 이상인 경우 각각의 대리인이 본인을 개별적으로 대리하나, 출원의 취하는 대리인들이 공동으로 대리하여야 한다.
④ 본인이 행위능력을 상실한 경우는 임의대리인의 대리권이 소멸하지 않지만 본인이 사망한 경우는 임의대리인의 대리권이 소멸한다.
⑤ 임의대리인이 특허법 제54조에 따른 조약우선권 주장을 하려면 본인으로부터 특별수권을 받아야 한다.

해설

① 특허관리인의 경우도 마찬가지로 특별수권을 받아야 한다(특허법 제6조 후단).
② 특허법 시행령 제18조 제5항.
③ 절차는 개별대리가 원칙이다(특허법 제9조). 이는 특허법 제6조의 특별수권 사항의 경우도 마찬가지이다.
④ 본인의 사망, 행위능력상실로는 임의대리권이 소멸하지 않는다(특허법 제8조).
⑤ 국내우선권 주장을 하는 경우나 선출원이 취하간주될 수 있어서 특별수권이 필요하지, 조약우선권 주장을 하는 경우는 특별수권사항이 아니다(특허법 제6조).

 ②

절차 수속 기간 등

제14조, 제15조, 시규 제11조 제1항 제7호, 제17조(거불심, 재심), 제16조 제2항 · 제3항(절차무효처분), 제67조의3(심사청구, 재심사청구), 제81조의3 제1항(등록료, 유지료)

03 기간에 관한 설명 중 옳은 것은?

① 특허법 제33조 제1항 본문 위반에 따라 무권리자 특허의 특허무효심결이 2017. 12. 1.에 확정된 경우는 2017. 12. 30. (토요일) 까지 출원해야만 특허법 제35조에 따른 정당권리자 출원절차를 밟을 수 있다.
② 정당한 사유로 재심사 청구절차를 밟지 못한 경우 그 사유가 소멸한 날부터 2개월 이내 재심사 청구를 하면 출원은 취하되지 아니한 것으로 본다.
③ 특허법 제132조의17에 따른 심판의 청구기간과 특허청장 등이 법에 따라 기간을 정한 경우 그 기간은 청구 또는 직권으로 연장하거나 단축할 수 있다.
④ 전자문서를 발송했으나 특허청장이 사전에 공지한 전산 점검으로 인해 기한 내에 전자문서가 제출되지 않은 경우 기간은 장애가 제거된 날의 다음날로 만료한다.
⑤ 2017. 10. 31.에 보전명령을 받은 경우 2017. 11. 30. (목) 까지 특허료를 보전할 수 있다.

해 설

① 무효심결확정이 오전 0시부터 되었다고 가정할 경우 초일을 산입해서 30일을 계산하면 2017. 12. 30. 이 되나, 이 날은 토요일이고, 월요일은 1. 1. 공휴일이니, 2018. 1. 2. 까지 출원해도 특허법 제35조의 절차를 밟을 수 있다 (특허법 제14조 제4호).
② 거절결정이 확정되지 아니한 것으로 본다(특허법 제67조의3 제2항).
③ 단축은 청구에 따라 지정기간만 가능하다(특허법 제15조 제2항).
④ 사전에 공지한 것은 장애로 보지 않아 구제해주지 않는다(특허법 시행규칙 제9조의4 제3항).
⑤ 보전기간인 1달을 계산하면 11. 30. 까지다.

정 답 ⑤

참고 대표적인 기간

절차의 추후보완기간(특허법 제16조 제2항, 제17조, 제67조의3, 제81조의3 제1항)[2], 정당한 권리자의 출원기간(특허법 제34조, 제35조)[3], 공지예외적용주장 기간(특허법 제30조)[4], 특허청구범위·국어번역문 제출기간(특허법 제42조의2,

---

2) 정당한 사유가 소멸한 날부터 2개월 + 원래 기간 만료일부터 1년 이내
3) 특허법 제33조 제1항 본문 위반으로 거절결정확정된 날부터 30일 이내 / 특허법 제33조 제1항 본문 위반으로 특허무효심결확정된 날부터 30일 이내
4) 특허법 제29조 제1항 각호의 어느 하나에 해당하게 된 날부터 12개월 이내 / 특허법 제30조 제1항 제1호 절차의 경우 **출원일**부터 30일 이내 증명서류 제출

제42조의3)5), 명세서 또는 도면의 보정기간(특허법 제47조)6), 분할출원기간(특허법 제52조)7), 분리출원기간(제52조의2)8), 변경출원기간(특허법 제53조)9), 우선권주장 관련 기간(특허법 제54조10), 제55조11), 제56조12)), 심사청구기간(특허법 제59조)13), 출원공개시기(특허법 제64조)14), 재심사청구기간(특허법 제67조의2)15), 특허료 납부기간(특허료 등의 징수규칙 제8조 제5항16), 특허법 제81조17), 제81조의218), 제81조의3 제3항19)), 특허료·수수료 반환청구기간(특허법 제84조) 20), 특허권존속기간연장등록출원기간(특허법 제90조 제2항21), 제92조의3 제2항22)), 특허취소신청기간(특허법 제132조의2)23), 특허거절결정 등에 대한 심판청구기간(특허법 제132조의17)24), 국제특허출원의 각종 번역문제출기간(특허법 제201조 제1항, 제204조, 제205조)25), 국제특허출원의 공지예외적용주장 기간 특례(특허법 제200조, 특허법 시행규칙 제111조)26), 국제특허출원의 출원인의 특허관리인 선임기간 특례(특허법 제206조, 특허법 시행규칙 제116조)27), 공시송달 효력발생시기(특허법 제219조)28)

---

5) 우선일부터 1년 2개월 이내 + 제3자 심사청구취지를 통지 받은 날부터 3개월 이내
6) 거절이유통지 받기 전 - 특허결정서 송달하기 전까지
 거절이유통지를 1번이라도 받은 이후 - 거절이유통지에 따른 의견서 제출기간 / 재심사 청구할 때
7) 명세서 또는 도면의 보정기간 / 거절결정서 받은 날부터 3개월 이내 / 특허결정서 받은 날부터 3개월 이내 + 설정등록일 전까지
8) 거불심 기각심결 받은 날부터 30일 이내
9) 최초 거절결정서 받은 날부터 3개월 이내
10) 최초 출원일부터 1년 이내 / 우선일부터 1년 4개월 이내 증명서류 제출 / 우선일부터 1년 4개월 이내 우선권 주장 보정 또는 추가 가능
11) 최초 출원일부터 1년 이내 / 선출원일부터 1년 4개월 이내 우선권 주장 보정 또는 추가 가능
12) **출원일부터 1년 3개월**
13) **출원일부터 3년 이내**(공지예외 증명서류, 국내우주 선출원, 심사청구, 존속기간, 등록지연기간 계산, 재정청구, 특허여부결정보류신청)
14) 우선일부터 1년 6개월 지난 후
15) 거절결정서 받은 날부터 3개월 이내
16) 특허결정서 받은 날부터 3개월 이내
17) 원 납부기간만료일부터 6개월 이내
18) 보전명령 받은 날부터 1개월 이내
19) 추가납부기간 또는 보전기간 만료일부터 3개월 이내
20) 통지 받은 날부터 5년 이내
21) 허가 등을 받은 날부터 3개월 이내 + 존속기간만료 전 6개월 이전
22) 설정등록일부터 3개월 이내
23) 설정등록일부터 등록공고일 후 6개월 이내
24) 거절결정서 받은 날부터 3개월 이내
25) 제203조서면(국내서면제출기간)/발명의 설명·청구범위·도면·요약서(국내서면제출기간 또는 연장된 기간)/PCT19조·34조(기준일)
26) 기준일부터 30일 이내
27) 기준일부터 2개월 이내
28) 특허공보에 게재한 날부터 2주일 후 / 특허공보에 게재한 날의 다음 날

절차방식	법률에 따른 취하[29]
시규 제11조 제1항 제3호, 제4호 괄호, 제5호, 제5호의2, 제6호, 제11호[30], 제15호, 제16호, 제19호, 제20호[31], 제46조, 제16조	제42조의2 제3항, 제42조의3 제4항, 제53조 제4항, 제56조 제1항, 제59조 제5항[32]

04 다음 중 법률에 따라 출원이 취하되는 경우가 아닌 것은?

① 변경출원이 있는 경우 그 원출원
② 국내우선권주장이 있는 경우 출원일부터 1년 3개월이 지난 선출원
③ 우선일부터 1년 2개월 또는 제3자 심사청구취지 통지 받은 날부터 3개월 중 빠른 날까지 국어번역문을 제출하지 아니한 외국어출원
④ 출원일부터 3년 이내에 심사청구를 하지 아니한 출원(정당권리자, 분할, 분리, 변경출원 제외)
⑤ 추가납부기간까지 특허료를 납부하지 아니한 출원

해설

① 특허법 제53조 제4항
② 특허법 제56조 제1항
③ 특허법 제42조의3 제4항
④ 특허법 제59조 제5항.
⑤ 출원 포기 간주다(특허법 제81조 제3항).

정답 ⑤

절차승계		
제18조, 제19조		

절차정지		
중단	중지	속행
제20조, 제8조, 제21조, 제22조	제23조, 제78조, 제153조, 제164조[33]	제24조, 시규 제18조

---

29) Cf) 권리 포기간주 - 제41조 제5항, 제41조 제6항 / 특허출원 포기간주 - 제81조 제3항
30) Cf) 제25조나 제33조 제1항 본문과 취급 구별
31) Cf) 시규 제11조 제3항의 반려요청 이외에 시규 제11조의2 반환신청이라는 것이 있음
32) Cf) 취하불가 - 제59조 제4항, 제67조의2 제4항, 제56조 제2항
33) Cf) 제139조 제4항, 제155조 제5항

05 절차의 중단 또는 중지에 관한 설명 중 옳지 않은 것은?

① 특허법 제11조(복수당사자의 대표) 제1항 단서의 규정에 의한 대표자가 사망하거나 그 자격을 상실한 경우에도 그 절차가 중단되지 않을 수 있다.
② 특허청 또는 특허심판원에 계속 중인 절차가 중단된 때 상속인은 언제나 중단 중인 절차를 수계할 수 있다.
③ 법원은 소송에 필요한 경우 특허출원에 대한 특허여부결정이 확정될 때까지 그 소송절차를 중지할 수 있고, 당사자는 그 중지에 대해 불복할 수 없다.
④ 임의대리인 없이 직접 심판에 참가하여 절차를 밟고 있는 참가인이 사망한 경우 당사자가 아닌 참가인에게 중단 원인이 발생했다고 하더라도 그 심판절차 자체가 중단된다.
⑤ 특허절차의 진행 중 당사자인 법인이 해산된 경우는 당해 절차가 중단되지 않는다.

해 설

① 임의대리인이 있으면 중단되지 않는다(특허법 제20조 단서).
② 상속을 포기할 수 있는 기간에는 절차 수계를 할 수 없다(특허법 제21조 제1호 단서).
③ 특허법 제78조 제3항.
④ 참가인에게 심판절차의 중단 또는 중지의 원인이 있으면 그 중단 또는 중지는 피참가인에 대해서도 효력이 발생한다(특허법 제155조 제5항, 심판편람).
⑤ 법인은 합병에 따라 소멸한 경우가 중단사유에 해당한다(특허법 제20조 제2호).

정 답 ②

절차진행(서류 제출 및 송달)		
공통	서면	정보통신망
제28조의2	제28조, 제218조, 령 제18조, 제219조, 제220조	제28조의4, 제28조의3, 제28조의5, 시규 제9조의4 제3항

06 서류의 제출 및 송달에 관한 설명 중 옳은 것은?

① 특허협력조약(PCT)에 의한 국제출원에 관한 서류를 우편으로 대한민국 특허청을 수리관청으로 하여 제출한 경우 그 우편물의 통신일부인에서 표시된 날이 분명하면 그 표시된 날에 특허청에 도달한 것으로 본다.
② 특허청장은 전자문서 이용신고를 한 자에게는 정보통신망을 이용하여 통지할 수 있으며, 정보통신망을 이용하여 서류를 통지한 경우 통지내용은 통지를 받을 자가 자신이 사용하는 전산정보처리조직의 파일에 기록된 내용으로 도달한 것으로 본다.
③ 국방관련 특허출원의 경우는 비밀에서의 해제통지를 받았어도 전자문서로 제출할 수 없다.
④ 송달을 받는 자가 정당한 사유 없이 송달 받기를 거부하여 송달할 수 없게 된 때는 발송한 날에 송달된 것으로 본다.
⑤ 최초의 공시송달은 특허공보에 게재한 날부터 30일이 지나면 그 효력이 발생한다.

해 설

① 특허청장에게 도달한 날부터 제출의 효력이 발생한다(특허법 제28조 제2항 단서).
② 특허청 전산정보처리조직의 파일에 기록된 내용을 기준으로 한다(특허법 제28조의5 제3항).
③ 비밀해제되면 전자문서로 제출할 수 있다(특허법 시행규칙 제9조의2 제3항).
④ 특허법 시행령 제18조 제11항.
⑤ 2주일이 지나면 효력이 발생한다(특허법 제219조 제3항).

정답 ④

특허출원절차		
출원인	서류	SIDE 절차
제33조, 제37조, 제38조, 제44조	제42조(시규 제21조[34]), 제42조의2[35], 제42조의3(시규 제21조의2)[36], 제43조, 제45조, 시규 제21조의4	제30조, 제34조, 제35조[37], 제52조[38], 제53조[39], 제54조[40], 제55조, 제56조, 제47조[41], 시규 제28조, 령 제2조, 령 제3조, 령 제4조

07 절차에 관한 설명 중 옳지 않은 것은?

① 분할출원 및 변경출원에 대해서도 특허청구범위를 기재하지 않은 명세서를 첨부할 수 있다.
② 특허출원인은 특허청구범위가 기재된 명세서가 제출된 때에 한하여 출원심사를 청구할 수 있으며, 특허청구범위가 기재되지 않은 명세서가 첨부된 출원에 대하여 심사청구가 된 경우는 소명기회를 부여한 후 그 심사청구서를 반려한다.
③ 특허를 받을 수 있는 권리를 출원 전에 양도하는 경우는 특별한 절차를 필요로 하지 않으나, 특허출원 후의 양도는 상속 기타 일반승계를 제외하고는 출원인변경신고를 하여야 효력이 발생한다.
④ 특허청과 외국의 특허업무를 담당하는 행정기관간에 우선권증명서류를 전자적 매체에 의하여 교환할 수 있는 체계가 구축된 국가로서 특허청장이 고시하는 국가의 출원을 기초로 특허법 제54조에 따른 우선권주장을 하는 경우 그 국가의 정부가 인정하는 서류로서 특허출원의 연월일을 적은 서면, 발명의 명세서 및 도면의 등본을 우선권주장 증명서류로 제출할 수 있다.
⑤ 최종 국어번역문에 기재된 사항을 벗어난 명세서의 보정을 한 외국어특허출원이 특허등록된 경우 특허가 무효로 될 수 있다.

| 해 설 |

① 특허법 제52조 제6항, 제53조 제7항.
② 특허법 시행규칙 제11조 제1항 15호.
③ 특허법 제38조 제4항.
④ 특허법 제54조 제4항 제1호.

---

34) 임시명세서 제출 가능
35) 청구범위 제출 이후 진행가능 - 보정, 제59조 제2항 제1호(심사청구), 제64조 제2항 제1호(출원공개)
36) 국어번역문 제출 이후 진행가능 - 제47조 제5항(명세서 등 보정), 제52조 제1항 단서(분할), 제53조 제1항 제2호(변경), 제59조 제2항 제2호(심사청구), 제64조 제2항 제2호(출원공개)
37) Cf) 시규 제31조, 시규 제33조
38) Cf) **시규 제29조 제3항 삭제**
39) 출원일 소급효 절차 추가 기간 부여 - 제52조 제2항 제2호(의사에 의한 공지), 제52조 제2항 제3호(조약우주), 제52조 제2항 제4호(국내우주), 제52조 제4항(조약우주 증명서류 3개월), 제52조 제5항(번역문 30일), 제52조 제6항(청구범위 30일), 제59조 제3항(심사청구 30일)
40) Cf) **시규 제25조 제5항의 우선권증명서류에 대한 국어번역문 제출 명령 불응시 우선권주장 무효로 할 수 있는 내용 삭제**
41) 복수의 서류를 제출한 경우의 취급 - 제42조의3 제5항, 제7항, 제47조 제4항, 제133조의2 제2항

⑤ 거절이유 등일 뿐, 특허무효사유에 해당하지 않는다(특허법 제133조 제1항 제6호).

정답 ⑤

07-2 특허출원절차에 관한 설명 중 옳은 것은?

① 특허출원인이 착오로 인하여 특허출원서에 발명자 중 일부의 발명자의 기재를 누락하거나 잘못 적은 때에는 그 특허출원의 특허여부결정 전까지 추가 또는 정정할 수 있다.
② 법 제99조의2제2항에 따라 특허권 이전등록을 받은 자가 발명자를 추가·삭제 또는 정정하려는 경우에는 특허권자 및 신청 전·후 발명자 전원이 서명 또는 날인한 확인서류를 첨부하여야 한다.
③ 출원인이 임시명세서를 출원서에 첨부하여 출원한 경우에는 일정 기간 내에 전문 보정된 명세서를 제출하여야 하며, 그렇지 않으면 그 기한이 되는 날의 다음 날에 해당 출원은 취하된 것으로 본다.
④ 출원인이 임시명세서를 전자문서로 제출하기 위해서는 특허청에서 제공하는 소프트웨어 또는 특허청 홈페이지를 이용하여 생성한 표준 파일 형식으로만 제출할 수 있다.
⑤ 임시명세서를 첨부하여 제출된 출원은 정규출원으로 인정되지 않으므로 이를 기초로 하여 조약우선권주장출원 또는 국내우선권주장출원을 할 수 없다.

해 설

① 이는 구법상의 내용이다. 현행법에서는 특허결정 후에도 가능하다(특허법 시행규칙 제28조 제1항).
② 특허권 이전등록을 받은 자는 확인서류 첨부 없이도 발명자 추가·삭제 또는 정정이 가능하다(특허법 시행규칙 제28조 제4항).
③ 청구범위 제출유예 하면서 임시명세서로 출원한 경우 우선일부터 1년 2개월 또는 제3자 심사청구 취지 통지 받은 날부터 3개월 중 빠른 날까지 청구범위 제출하면서 동시에 특허법 시행규칙 제21조 제2항 내지 제4항의 형식에 따른 명세서로 보정하지 않으면 출원이 취하 간주된다(심사기준).
④ 임시명세서는 특허청 소프트웨어 또는 홈페이지를 이용하여 생성한 표준 파일로도 제출할 수 있고, 이외 상용 소프트웨어를 이용하여 생성한 파일 형식인 hwp, doc, docx, pdf, ppt, pptx, jpg, tif 로도 제출할 수 있다(심사기준).

⑤ 임시명세서를 첨부하여 제출된 출원도 명세서의 형식에서 차이가 있을 뿐 정규출원으로 인정되므로 이를 기초로 하여 조약우선권주장출원 또는 국내우선권주장출원을 할 수 있다(심사기준).

정답 ③

출원절차	주체 : 특허를 받으려는 자(특허법 제42조 제1항) 서면 : 출원서42), 명세서43), 필요한 도면, 요약서(특허법 제42조 제1항, 제2항) 기간 : 특별히 정해진 기간 없음44) 효과 : 출원일자를 인정 받고 이후 심사청구를 하면 심사를 받아 특허결정서를 받을 수 있음
임시명세서 절차	주체 : 출원인 서면 : 출원서에 취지 기재 / 청구범위 제출유예(특허법 시행규칙 제21조 제6항) 기간 : 출원시 효과 : 청구범위 적지 않을 수 있고, 발명의 설명도 특허법 시행규칙 제21조 제3항에 따른 형식에 따르지 않고 작성 가능 / 전자문서로 제출하는 경우 특허청 소프트웨어가 아닌 상용 소프트웨어 이용 가능(특허법 시행규칙 제21조 제5항)
외국어출원 절차	주체 : 출원인(특허법 제42조의3 제1항) 서면 : 출원서에 취지 기재(특허법 제42조의3 제1항) 기간 : 출원시(특허법 제42조의3 제1항) 효과 : 외국어로 명세서, 도면 작성 가능(특허법 제42조의3 제1항)45)
기탁절차	주체 : 출원인(특허법 시행령 제2조 제1항) 서면 : 출원 전에 기탁하고, 출원서에 취지 기재, 명세서에 수탁번호 기재(특허법 시행령 제2조 제2항, 제3항), 증명서류 첨부(국내에 소재지가 있는 기탁기관에 기탁한 경우 제외) 기간 : 출원시 효과 : 기탁참작하여 특허법 제42조 제3항 제1호 판단
공지예외적용 절차 (특받권자에 의한 공지의 경우)	주체 : 출원인 서면 : 출원서에 취지 기재, 증명서류 첨부46)(특허법 제30조 제2항)47) 기간 : 공지 등48)이 된 날부터 1년 이내 출원(특허법 제30조 제1항) 효과 : 공지 등이 되지 아니한 것으로 봄(특허법 제30조 제1항)

---

42) 출원인 성명·주소(또는 고유번호), 대리인 성명·주소(또는 고유번호), 발명의 명칭, 발명자 성명·주소

공지예외적용 절차 (특받권자 의사에 반한 공지의 경우)	주체 : 출원인 서면 : ×(문제가 된 경우 의사에 반한 공지 증명) 기간 : 공지 등이 된 날부터 1년 이내 출원(특허법 제30조 제1항) 효과 : 공지 등이 되지 아니한 것으로 봄(특허법 제30조 제1항)

정당권리자출원절차	주체 : 정당권리자
	서면 : 출원서에 취지 기재, 증명서류 첨부49)
	     (특허법 시행규칙 제31조 제1항)
	기간 : 무권리자 출원 후 거절결정확정, 거절결정불복심판 기각심결확정, 특허무효심결확정된 날부터 30일 이내 출원
	     (특허법 제34조, 제35조)
	효과 : 출원일 소급효

분할출원 절차	주체 : 원출원인(특허법 제52조 제1항) 서면 : 출원서에 취지, 원출원 표시(특허법 제52조 제3항) 기간50) : 원출원의 보정기간, 거절결정서 받은 날부터 3개월 이내51), 특허결정서 받은 날부터 3개월 또는 설정등록일 중 빠른 날까지 출원(특허법 제52조 제1항) 효과 : 출원일 소급효(예외 있음)(특허법 제52조 제2항)
분리출원 절차	주체 : 원출원인(특허법 제52조의2 제1항) 서면 : 출원서에 취지, 원출원 표시(특허법 제52조의2 제2항) 기간 : 거불심 기각심결문 받은 날부터 30일 이내(특허법 제52조의2 제1항) 효과 : 출원일 소급효(예외 있음)(특허법 제52조 제2항)
변경출원 절차	주체 : 원출원인(특허법 제53조 제1항) 서면 : 출원서에 취지, 원출원 표시(특허법 제53조 제3항) 기간52) : 원출원 후 최초 거절결정서 받은 날부터 3개월 전까지 출원53)(특허법 제53조 제1항 제1호) 효과 : 출원일 소급효(예외 있음)(특허법 제53조 제2항)

---

43) 청구범위 제출 유예 가능 / 임시명세서 제출 가능
44) 다만 출원일자가 빠를수록 신규성·진보성·선원·확대된선원 판단시 유리함
45) 명세서 및 도면을 외국어로 작성하더라도 반려되지 않고 출원일자 인정됨
46) 단 증명서류는 출원일부터 30일 이내 제출 가능
47) 보완수수료 납부 시 보완 가능(특허법 제30조 제3항)
48) 출원공개 또는 등록공고는 특받권자에 의한 공지로 보지 아니함.
49) 특별히 특허법 제30조 제2항과 같은 증명서류 제출 추가 기간이 법령에 규정되어 있지 않음
50) 원출원이 외국어출원인 경우는 국어번역문 제출 후에만 가능(특허법 제52조 제1항 단서)

조약우선권주 장절차	주체[54] : 조약 당사국 출원인(특허법 제54조 제1항), 승계인(파리조약 제4조) 서면 : 출원서에 취지, 기초출원 국가명, 기초출원 연월일 기재, 증명서류 첨부[55](특허법 제54조 제3항, 제4항) 기간 : 기초출원[56]일부터 1년 이내 출원(특허법 제54조 제2항) 효과[57] : 기초출원의 최초 명세서 또는 도면에 기재된 발명은 기초출원일에 출원한 것으로 보고 심사 등을 진행(특허법 제54조 제1항)
국내우선권주 장절차	주체 : 선출원인, 선출원 실질적 승계인(특허법 제55조 제1항) 서면 : 출원서에 취지, 선출원 표시(특허법 제55조 제2항) 기간 : 선출원[58]일부터 1년 이내 출원(특허법 제55조 제1항 제1호) 효과[59] : 선출원의 최초 명세서 또는 도면에 기재된 발명은 선출원일에 출원한 것으로 보고 심사 등을 진행(특허법 제55조 제3항, 제4항)
조약우선권주 장 보정, 추가절차	주체 : 조약우선권주장을 한 자[60](특허법 제54조 제7항) 서면 : 보정서(특허법 시행규칙 제13조) 기간 : 우선일[61]부터 1년 4개월 이내 보정서 제출(특허법 제54조 제7항) 효과 : 조약우선권주장 보정, 추가[62](특허법 제54조 제7항)
국내우선권 주장 보정, 추가절차	주체 : 국내우선권주장을 한 자[63](특허법 제55조 제7항) 서면 : 보정서(특허법 시행규칙 제13조) 기간 : 선출원일[64]부터 1년 4개월 이내 보정서 제출(특허법 제55조 제7항) 효과 : 국내우선권주장 보정, 추가[65](특허법 제55조 제7항)
명세서, 도면 보정절차	주체 : 출원인(특허법 제47조 제1항) 서면 : 보정서(특허법 시행규칙 제13조) 기간[66] : 자진보정기간, 일반거절이유통지에 따른 의견서제출기간, 최후거절이유통지에 따른 의견서제출기간, 재심사 청구시 보정서 제출(특허법 제47조 제1항) 효과 : 명세서, 도면 보정[67]
발명자 정정절차	주체 : 출원인[68] 또는 특허권자[69](특허법 시행규칙 제28조) 서면 : 보정서[70] 또는 정정발급신청서[71](특허법 시행규칙 제28조) 기간 : 제한 없음 효과 : 발명자 정정

---

51) 특허법 제15조 제1항에 따라 기간 연장한 경우는 연장된 기간까지

심사청구 절차	주체 : 누구든지(특허법 제59조 제2항) 서면 : 심사청구서(특허법 제60조 제1항) 기간 : 출원일부터 3년(특허법 제59조 제2항, 제3항) 효과 : 심사청구순서에 따라 심사착수(특허법 시행규칙 제38조)
우선심사신청 절차	주체 : 누구든지(고시) 서면 : 우선심사신청서, 우선심사신청설명서(특허법 시행규칙 제39조) 기간 : 심사청구 후 효과 : 우선심사
특허여부결정 보류신청절차	주체 : 출원인(특허법 시행규칙 제40조의2) 서면 : 결정보류신청서(특허법 시행규칙 제40조의2) 기간 : 심사청구 후 출원일부터 6개월(특허법 시행규칙 제40조의2) 효과 : 출원일부터 1년 경과 전까지 특허여부결정 보류(특허법 시행규칙 제40조의2)
심사유예신청 절차	주체 : 출원인(특허법 시행규칙 제40조의3) 서면 : 심사유예신청서(특허법 시행규칙 제40조의3) 기간 : 심사청구 후 심사청구일부터 9개월(특허법 시행규칙 제40조의3) 효과 : 유예희망시점까지 심사유예(특허법 시행규칙 제40조의3)
조기공개신청 절차	주체 : 출원인(특허법 제64조 제1항) 서면 : 조기공개신청서(특허법 시행규칙 제44조) 기간 : 우선일부터 1년 6개월 경과 전(출원공개 전) 효과 : 조기공개
재심서청구 절차	주체 : 출원인(특허법 제67조의2 제1항) 서면 : 보정서, 재심사청구취지 표시(특허법 시행규칙 제37조의2) 기간 : 특허결정서 받은 날부터 3개월 또는 설정등록일 중 빠른 날, 거절결정서 받은 날부터 3개월(특허법 제67조의2 제1항) 효과 : 특허결정·거절결정취소, 재심사(특허법 제67조의2 제3항)

52) 원출원이 외국어출원인 경우는 국어번역문 제출 후에만 가능(특허법 제53조 제1항 제2호)
53) 특허법 제15조 제1항에 따라 기간 연장한 경우는 연장된 기간까지
54) 조약당사국 국민(특허법 제54조 제1항) 또는 조약당사국에 주소 또는 영업소가 있는 자(파리조약 제3조) 중 가능
55) 단 증명서류는 우선일부터 1년 4개월 이내 제출 가능(특허법 제54조 제5항)
56) 출원일자를 인정받은 정규출원일 것
57) 이중우선한 발명은 효과 인정되지 않음(특허법원 2006. 2. 9., 선고, 2004허8749 판결)
58) 선출원이 분할·분리·변경출원이 아닐 것, 선출원이 무효, 취하, 포기, 특허여부결정(심결)확정되지 않고 절차 계속 중일 것

거절이유	정보제공사유[72][73]	무효사유[74]
제62조 제25조, 제33조 제1항 본문, 제33조 제1항 단서, 제44조 제42조 제3항 제1호·제2호, 제42조 제4항 제1호·제2호, 제42조 제8항[75], 제45조[76] 제29조, 제36조 제1항부터 제3항 제32조 조약위반 제47조 제2항 전단, 제52조 제1항, 제52조의2 제1항 전단, 제52조의2 제1항 각호, 제53조 제1항 제47조 제2항 후단	제63조의2 (제42조 제3항 제2호, 제42조 제8항, 제45조 제외)	제133조 (제42조 제3항 제2호, 제42조 제8항, 제45조, 제47조 제2항 후단, 제52조의2 제1항 각호 제외)

---

59) 이중우선한 발명은 효과 인정되지 않음(특허법 제55조 제5항)
60) 조약 당사국 출원으로 우선권주장을 한 경우
61) 2 이상의 우선권주장을 한 경우는 우선권 주장의 기초가 된 조약 당사국 출원, 국내 출원 모두 포함하여 이중 가장 빠른 우선일
62) 우선권 주장 중에 조약당사국 출원을 추가하는 경우
63) 국내 선출원으로 우선권주장을 한 경우
64) 2 이상의 우선권 주장을 한 경우 우선권 주장의 기초가 된 국내 선출원 중에서 가장 빠른 출원일
65) 우선권 주장 중에 국내 선출원을 추가하는 경우
66) 외국어출원인 경우는 국어번역문 제출 후 가능
67) 보정각하에 의해 효력 상실될 수 있음(특허법 제51조)
68) 설정등록 전에 정정하는 경우
69) 설정등록 후에 정정하는 경우
70) 설정등록 전에 정정하는 경우
71) 설정등록 후에 정정하는 경우
72) 거절결정불복심판절차에서도 정보제공 가능(제170조 제1항에서 제63조의2 준용)
73) 직권재심사사유도 비슷하나 "명백한"에서 차이가 있음.
74) 취소사유는 제29조, 제36조 제1항부터 제3항 위반만 해당함.
75) Cf) 령 제5조
76) Cf) 령 제6조

08 甲은 미국에서 2009년 2월 10일 특허출원한 발명 A를 2009년 12월 1일 우리나라에 특허법 제54조(조약에 의한 우선권주장)의 규정에 의한 우선권을 주장하여 특허출원하였고, 현재 국내에서 심사가 진행 중이다. 한편, 乙은 2009년 1월 5일에 간행된 저명한 학술잡지에 甲의 발명 A와 동일한 발명을 발표하였고, 2009년 6월 10일에 특허법 제30조(공지 등이 되지 아니한 발명으로 보는 경우)의 규정에 의하여 공지 등이 되지 아니하였다는 취지를 기재한 서면 및 증명서를 첨부하여 발명A를 우리나라에 특허출원하였다. 다음 설명 중 옳은 것은? (단, 甲과 乙은 각각 독자적으로 발명 A를 발명한 것으로 본다)

① 甲은 적법하게 조약우선권주장을 수반하는 출원을 하였으므로 乙의 국내출원 여부와 상관없이 특허를 받을 수 있다.
② 甲의 국내출원은 乙의 국내출원보다 출원일이 늦기 때문에 특허를 받을 수 없다.
③ 乙의 국내출원은 출원시 공지예외주장을 수반하고 있어 출원일이 소급되므로 甲의 미국출원 여부와 상관없이 특허를 받을 수 있다.
④ 乙의 국내출원은 적법한 공지예외주장에도 불구하고 甲의 미국출원보다 출원일이 늦어, 미국에서의 발명 A의 공개 여부와 무관하게 신규성이 부정되므로 특허를 받을 수 없다.
⑤ 甲과 乙의 국내출원은 모두 특허를 받을 수 없다.

해설
① 신규성 위반으로 특허 받을 수 없다.
② 선원은 문제가 되지 않는다.
③ 공지예외적용은 출원일 소급효가 없다.
④ 갑의 미국출원보다 출원일이 늦은 것은 사실이다. 다만 신규성 결여는 선출원 여부와 무관하다. 선출원 여부와 출원공개 여부와 관련 있는 제도는 확대된 선출원주의이다. 따라서 갑의 미국출원보다 출원일이 늦다는 사정만으로 갑의 미국출원에 의해 을의 국내출원의 신규성이 결여되지는 않는다. 신규성은 발명 A의 공개 여부와 관련이 있으며, 만약 갑의 미국출원의 출원공개가 을의 출원일먼다 먼저인 경우라면 을의 국내 출원이 이로 인해 신규성이 부정될 수는 있을 것이다.
⑤ 갑 출원은 신규성 위반, 을 출원은 확대된 선출원주의 위반으로 특허 받을 수 없다.

정답 ⑤

09 다음 설명 중 옳지 않은 것은?

가. 특허발명(1)의 특허청구범위

제1항 A와 B를 포함하는 의약 조성물

제2항 제1항에 있어서, C를 추가로 포함하는 것을 특징으로 하는 의약 조성물

제3항 제1항 또는 제5항에 있어서, D를 추가로 포함하는 것을 특징으로 하는 의약 조성물

제4항 제1항에 있어서, E를 추가로 포함하는 것을 특징으로 하는 의약 조성물

제5항 제4항에 있어서, F를 추가로 포함하는 것을 특징으로 하는 의약 조성물

제6항 제4항 또는 제5항에 있어서, G를 추가로 포함하는 것을 특징으로 하는 의약 조성물

제7항 제2항 또는 제6항에 있어서, H를 추가로 포함하는 것을 특징으로 하는 의약 조성물

나. 특허발명(2)의 특허청구범위

제1항 A'와 B'를 포함하는 조성물

제2항 제1항에 있어서, C'를 추가로 포함하는 것을 특징으로 하는 조성물

확인대상발명(1)

A'와 B'만으로 이루어진 조성물

다. 특허발명(3)의 특허청구범위

제1항 A"와 B"를 포함하는 조성물

제2항 제1항에 있어서, C"를 추가로 포함하는 것을 특징으로 하는 조성물

확인대상발명(2)

A"와 C"만으로 이루어진 조성물

① 특허발명(1)의 청구항 제1항은 독립항이고, 특허발명(1)의 청구항 제2항은 청구항 제1항의 종속항이다.
② 특허발명(1)의 청구항 제3항은 특허법 시행령 제5조(특허청구범위의 기재방법)의 규정에 위배된다.
③ 특허발명(1)의 청구항 제7항은 특허법 시행령 제5조(특허청구범위의 기재방법)의 규정에 위배된다.
④ 확인대상발명(1)은 특허발명(2)의 청구항 제1항의 권리범위에 속하므로, 당연히 특허발명(2)의 청구항 제2항의 권리범위에도 속한다.
⑤ 확인대상발명(2)는 특허발명(3)의 청구항 제1항의 권리범위에 속하지 아니하므로, 당연히 특허발명(3)의 청구항 제2항의 권리범위에도 속하지 아니한다.

해 설

① 특허법 시행령 제5조 제1항.
② 특허법 시행령 제5조 제7항.
③ 특허법 시행령 제5조 제6항.
④ 특허발명 (2) 의 청구항 제2항의 권리범위에 속하지 않는다.
⑤ 독립항의 권리범위에 속하지 않으면 종속항의 권리범위에 당연히 속하지 않는다.

정답 ④

심사절차			
심사관	심사보조	절차	심사속도
제57조, 제68조	제58조, 제58조의2, 제63조의2[77], 제63조의3	제51조, 제59조[78], 제60조, 제63조, 제67조의2, 제67조, 제66조, 제66조의2, 제66조의3	시규 제40조, 시규 제38조, 제61조, 령 제9조, 시규 제40조의2, 시규 제40조의3

---

77) 특허결정 후에도 직권재심사가 가능하므로 설정등록 등이 되기 전까지 정보제공 가능.
78) 출원일이 기산일인 대표적인 기간 - 제30조 제2항(출원일부터 30일), 제56조(출원일부터 1년 3개월), 제59조 제2항(출원일부터 3년), 제88조 제1항(출원일부터 20년), 제92조의2 제1항(출원일부터 4년), 제107조 제2항(출원일부터 4년), 시규 제40조의2(출원일부터 6개월)

10 심사관의 심사에 관한 설명 중 옳은 것은?

① 심사관이 특허법 제66조에 따른 특허결정을 할 때 요약서에 적힌 사항만 직권 보정한 경우 출원인이 직권보정 사항의 일부를 받아들일 수 없어 특허법 제79조 제1항에 따라 특허료를 낼 때까지 의견서를 제출하면, 특허결정이 취소된 것으로 본다.
② 심사관이 특허결정을 취소하고 그 사실을 출원인에게 통지했다면, 출원인이 그 사실을 통지 받기 전에 그 특허출원이 설정등록되었다 하더라도 직권재심사가 진행된다.
③ 거절이유통지에 대한 보정에 따라 발생한 거절이유라 하더라도 특허법 제47조 제1항 제2호에 따른 최후 거절이유를 통지하지 않는 경우가 있다.
④ 특허결정 전에 한 보정에 보정각하사유가 있는 경우 특허법 제66조의3에 따른 직권 재심사를 하면서 취소된 특허결정 전에 한 보정에 대해서 보정을 각하할 수 있다.
⑤ 보정에 이른바 최초 명세서 등에 기재되어 있지 아니한 신규사항이 추가된 경우는 그 보정을 각하해야 한다.

해 설

① 특허법 제66조의2 제4항 단서.
② 특허법 제66조의3 제3항.
③ 특허결정취소하면서 직권재심사할 때는 거절이유를 통지하게 되는데, 거절이유통지에 대한 보정에 따라 발생한 거절이유라 할지라도 일반(최초)으로 통지한다(특허법 제47조 제1항 제2호 괄호).
④ 특허법 제51조 제1항 제2호.
⑤ 최후거절이유통지 또는 거절결정서를 받은 후 보정한 경우가 아니라면 보정에 따라 신규사항이 추가된 경우 보정각하결정을 할 것이 아니라(특허법 제51조 제1항 본문), 특허법 제47조 제2항 전단 위반을 이유로 거절이유통지를 해야 한다.

정답 ③

출원공개	등록공고	기타
시규 제44조, 제64조, 령 제19조 제3항	제87조 제3항부터 제5항79), 령 제19조 제2항	제60조 제2항, 제90조 제5항, 제92조 제3항, 제92조의5 제3항, 제136조 제11항, 제219조 제2항, 제221조, 령 제19조, 시규 제55조

11 특허공보에 관한 설명 중 옳지 않은 것은?

① 특허청장은 출원공개 전에 출원심사의 청구가 있으면 지체 없이 그 취지를 특허공보에 게재하여야 한다.
② 비밀취급된 특허출원의 발명에 대해서는 그 발명의 비밀취급이 해제될 때까지 출원공개 및 등록공고를 보류한다.
③ 외국어특허출원은 최초로 첨부된 명세서 및 도면이 아니라, 국어번역문 및 도면으로 출원공개를 한다.
④ 존속기간의 연장등록이 있으면 연장 기간을 특허공보에 게재한다.
⑤ 공공의 질서 또는 선량한 풍속을 문란하게 하거나 공중의 위생을 해할 염려가 있다고 인정되는 사항은 출원공개하지 않는다.

해 설

① 특허법 제60조 제2항.
② 특허법 제64조 제3항, 제87조 제4항.
③ 특허법 시행령 제19조 제3항 제5호 가목
④ 특허법 제92조 제3항, 제92조의5 제3항.
⑤ 특허법 시행령 제19조 제3항 단서.

정 답 ①

특허료	수수료	감면·반환
제79조, 제80조, 제81조, 제81조의2, 제81조의3, 징수규칙 제8조	제82조	제83조, 제84조

---

79) Cf) 등록공고일 관련 - 제132조의2 제1항

12 특허료에 관한 설명으로 옳지 않은 것은?

① 이해관계인은 특허권자의 의사에 불구하고 특허료를 납부할 수 있으며, 이 경우에 납부해야 할 자가 현재 이익을 받은 한도에서 그 비용의 상환을 청구할 수 있다.
② 특허권자가 6개월의 추가납부기간 이내에 특허료를 납부하지 아니한 때에는 특허권자의 특허권은 특허법 제79조(특허료)에 따라 납부된 특허료에 해당하는 기간이 만료되는 날의 다음 날로 소급하여 소멸된 것으로 본다.
③ 특허권자가 6개월의 추가납부기간 이내에 특허료의 일부를 납부하지 않은 경우에 심사관은 특허료의 보전명령을 내려야 하며, 보전명령을 받은 자는 그 보전명령을 받은 날부터 30일 이내에 특허료를 보전할 수 있다.
④ 특허권자가 추가납부기간 이내에 특허료를 납부하지 않아 특허권이 소멸한 경우 그 특허권자는 추가납부기간 만료일부터 3개월 이내에 특허법 제79조(특허료)에 의한 특허료의 2배를 납부하고 그 소멸한 권리의 회복을 신청할 수 있다.
⑤ 특허권자가 추가납부기간 이내에 특허료를 납부하지 않았다가 사후에 납부하여 특허권이 회복된 경우 추가납부기간이 경과한 날부터 납부한 날까지의 기간 중 다른 사람이 특허발명을 실시한 행위에 대하여는 그 효력이 미치지 않는다.

> 해 설

① 특허법 제80조 제1항, 제2항
② 특허법 제81조 제3항
③ 특허법 제81조의2 제2항, 특허청장이 하고, 1개월이다.
④ 특허법 제81조의3 제3항.
⑤ 특허법 제81조의3 제4항.

정 답 ③

특받권	특허권	질권
제41조	제87조, 제86조, 제85조, 제101조, 제88조, 제99조, 제99조의2, 제119조, 제120조[80], 제124조, 제125조, 제223조, 제106조	제121조, 제123조

13 동의가 필요한 경우에 관한 설명 중 옳은 것은?

① 전용실시권자는 실시사업과 같이 이전하는 경우에 특허권자의 동의가 없더라도 그 전용실시권을 이전할 수 있다.
② 특허권이 공유인 경우 각 공유자는 다른 공유자의 동의가 없더라도 특허권의 존속기간의 연장등록출원을 할 수 있다.
③ 특허법 제107조(통상실시권 설정의 재정)에 의한 통상실시권은 실시사업과 같이 이전하는 경우가 아니라 하더라도 특허권자의 동의가 있으면 이를 이전할 수 있다.
④ 공공의 이익을 위하여 비상업적으로 실시할 필요가 있음을 이유로 특허권을 수용하는 때에는 특허권자의 동의가 있어야 한다.
⑤ 전용실시권자는 특허권자의 동의를 얻지 아니하면 전용실시권을 포기할 수 없다.

해 설
① 특허법 제100조 제3항.
② 특허법 제90조 제3항.
③ 특허법 제102조 제3항.
④ 특허법 제106조의2 제1항.
⑤ 특허법 제119조 제2항.

정답 ①

존속기간연장등록출원		
허가 등	등록지연	공통
제89조, 령 제7조, 제90조, 제91조, 제92조, 제95조	제92조의2, 령 제7조의2, 제92조의3, 제92조의4, 제92조의5,	제93조

---
80) Cf) 제101조 제1항 제1호 포기에 의한 소멸 등록 필요

14 존속기간연장등록출원에 관한 설명 중 옳지 않은 것은?

① 재심사를 청구한 경우에는 재심사 청구 전 특허거절결정의 등본을 송달받은 날부터 재심사 청구를 한 날까지의 기간이 출원인으로 인하여 지연된 기간에 해당한다.
② 허가 등에 따른 특허권의 존속기간의 연장은 한 차례만 5년의 기간 내에서 연장할 수 있다.
③ 마약 또는 향정신성의약품도 일정 조건을 만족하는 경우 허가 등에 따른 특허권의 존속기간 연장이 가능할 수 있다.
④ 허가 등에 따른 특허권의 존속기간의 연장의 효력은 허가 등의 대상물건에 관한 특허발명의 실시행위에만 제한적으로 미친다.
⑤ 등록지연에 따른 특허권의 존속기간의 연장등록결정이 있으면 특허권의 존속기간의 연장을 특허원부에 등록하여야 한다.

해 설

① 이는 구법의 내용이다. 현행법에서는 특허거절결정의 등본을 송달받은 날부터 재심사에 따른 특허여부의 결정을 한 날까지의 기간이 출원인으로 인하여 지연된 기간에 해당한다(특허법 시행령 제7조의2 제1항 제1호 제하목).
② 특허법 제89조 제1항
③ 특허법 시행령 제7조 제1항 제1호
④ 특허법 제95조
⑤ 특허법 제92조의5 제2항

정답 ①

실시권			
전용실시권	통상실시권		
	일반	법정실시권	강제실시권
제100조, 제101조	제102조, 제118조	발진법 제10조 제1항, 제81조의3 제5항, 제103조, 제103조의2, 제104조, 제105조, 제122조, 제182조, 제183조	제106조의2, 제107조부터 제115조, 제98조, 제138조, 제125조의2

15 통상실시권에 관한 설명으로 옳지 않은 것은?

① 특허법 제99조의2 제2항에 따른 특허권의 이전청구에 의한 이전등록이 있기 전에 해당 특허가 무권리자 특허에 해당하는 것을 알지 못하고 통상실시권을 취득한 후 등록은 하지 않고 국내에서 그 특허발명을 실시한 자는 실시한 발명 및 사업목적 범위에서 특허권에 대하여 통상실시권을 가진다.
② 질권설정 이전에 특허발명을 실시하고 있었던 특허권자는 그 특허권이 경매 등에 의해 타인에게 이전되더라도 그 특허발명에 대하여 통상실시권을 가질 수 있으나, 이 경우 특허권자는 특허권을 이전 받은 자에게 상당한 대가를 지급해야 한다.
③ 특허발명을 공공의 이익을 위하여 비상업적으로 실시할 필요가 특히 있는 경우는 특허권자 또는 전용실시권자와 합리적인 조건으로 통상실시권의 허락에 관한 협의를 사전에 하지 않았어도 재정을 청구할 수 있다.
④ 특허취소결정이 확정된 후 특허취소심판에 대한 재심청구 등록 전에 국내에서 선의로 그 발명을 실시한 자는 재심에 의해 취소된 특허권이 회복되더라도 실시한 발명 및 사업목적의 범위에서 그 특허권에 관하여 무상의 통상실시권을 가진다.
⑤ 특허법 제107조에 따른 재정에 의한 통상실시권을 받은 자가 정기적으로 지급하도록 되어 있는 대가의 최초 지급분을 지급하지 아니하거나 공탁하지 아니한 경우는 재정의 효력을 잃는다.

> 해 설

① 특허법 제99조의2 제2항에 따른 이전등록이 있기 전에 무권리자 특허에 대해 통상실시권을 취득한 자는 특허법 제118조 제2항과 같이 등록을 하지 않아도 대항요건을 갖추는 법정실시권을 취득한 자가 아닌 이상, 해당 특허의 등록원부에 통상실시권을 등록해서 대항요건을 갖추었어야만 해당 특허가 정당권리자에게 이전되더라도 법정실시권을 가질 수 있다(특허법 제103조의2 제1항 제2호).
② 질권행사에 따른 법정실시권은 유상이다(특허법 제122조).
③ 특허법 제107조 제1항 단서.
④ 재심에 의하여 회복한 특허권에 대한 법정실시권은 무상이다(특허법 제182조).
⑤ 특허법 제113조.

> 정 답 ①

특받권 침해	특허권 침해
제65조[81], 제207조 제2항 내지 제4항	제94조, 제97조, 제96조, 제81조의3 제4항, 제181조, 제2조, 제127조, 제126조, 제126조의2, 제128조, 제128조의2, 제129조, 제130조, 제131조, 제132조, 제225조, 제231조

16 특허권 또는 전용실시권 침해에 관한 설명 중 옳지 않은 것은?

① 특허권 또는 전용실시권의 침해죄는 피해자의 명시적인 의사에 반하여 공소를 제기할 수 없다.
② 법원으로부터 침해의 증명 또는 침해로 인한 손해액의 산정에 필요한 자료의 제출을 명령 받은 때 그 자료의 제출을 거절할 수 있는 경우가 있다.
③ 당사자가 정당한 이유 없이 법원의 자료제출명령을 따르지 아니한 때는 법원은 항상 상대방 당사자가 그 자료의 기재에 의하여 증명하고자 하는 사실에 관한 주장을 진실한 것으로 인정할 수 있다.
④ 특허발명의 실시가 방법의 사용을 청약하는 행위인 경우 특허권의 효력은 그 방법의 사용이 특허권 또는 전용실시권을 침해한다는 것을 알면서 그 방법의 사용을 청약하는 행위에만 미친다.
⑤ 특허권자 또는 전용실시권자는 침해의 금지를 청구하는 소송에서 침해행위에 제공된 설비의 제거 또한 청구할 수 있다.

해 설

① 구법에서는 친고죄였으나 현행법에서는 반의사불벌죄로 개정되었다(특허법 제225조 제2항).
② 자료의 소지자가 제출 명령 받은 자료의 제출을 거절할 정당한 이유가 있으면 제출하지 아니할 수 있다. 다만 영업비밀에 해당하나 침해의 증명 또는 손해액의 산정에 반드시 필요한 때는 자료제출을 거부할 수 있는 정당한 이유로 보지 않는다(특허법 제132조 제1항 단서, 제3항).
③ 항상이 아니고, 자료의 제출을 신청한 당사자가 그 자료의 기재에 관하여 구체적으로 주장하기에 현저히 곤란한 사정이 있고, 또한 그 자료로 증명할 사

---

[81] Cf) 제65조에서 제126조, 제126조의2, 제128조, 제128조의2, 제130조, 제131조 준용 ×

실을 다른 증거로 증명하는 것을 기대하기도 어려운 경우에 한해서만 법원이 위 당사자가 자료의 기재에 의하여 증명하고자 하는 사실에 관한 주장을 진실한 것으로 인정할 수 있다(특허법 제132조 제5항).
④ 방법발명의 사용을 청약하는 행위는 발명의 실시에 해당하는 특허권의 효력은 악의의 청약행위로만 제한된다(특허법 제94조 제2항).
⑤ 침해금지청구에 부대해서 침해행위를 조성한 물건의 폐기, 침해행위에 제공된 설비의 제거, 그 밖에 침해의 예방에 필요한 행위를 추가로 청구할 수 있다(특허법 제126조 제2항).

정답 ③

16-2 甲은 2016년 1월 1일 설정등록된 특허발명 X의 특허권자이고, 乙은 甲의 허락 없이 2016년 1월 1일부터 甲의 특허제품과 동일한 제품(이하 '침해제품'이라 함)을 생산하여 판매하고 있는 자이다. 甲은 자신의 특허제품을 2016년에 0개, 2017년에 1,000개, 2018년에 1,500개를 판매하였고, 乙은 침해제품을 2016년에 2,000개, 2017년에 2,500개, 2018년에 3,000개를 판매하였다(특허제품 및 침해제품의 단위 수량당 이익액은 모두 1,000원임). 甲은 2016년 12월말까지 공장을 건설하였기 때문에 그 기간까지는 특허제품을 생산할 수 없었고, 공장 완공 후 2017년 1월 1일부터 연간 2,000개까지 생산할 수 있었다. 특허발명 X의 실시에 대하여 합리적으로 받을 수 있는 금액은 개당 200원에 판매수량을 곱한 것이다. 다음 설명 중 옳은 것은?

① 甲은 2016년에 특허발명 X를 생산할 수 없었기 때문에 발생한 손해가 없었으므로, 그 기간 중 乙의 특허권 침해에 대한 손해배상을 청구할 수 없다.
② 특허법 제128조(손해배상청구권 등) 제2항에 따를 경우 甲이 2018년에 乙의 침해행위 외의 사유로 특허제품 500개를 판매하지 못하였다면 乙의 특허권 침해로 인한 甲의 2018년 중 입은 손해액은 500,000원이다.
③ 특허법 제128조 제2항에 따를 경우 乙이 2017년에 판매한 침해제품의 양도수량(2,500개) 중 甲이 2017년에 생산하여 판매한 특허제품의 양도수량(1,000개)을 뺀 수량(1,500개)에 乙의 침해 행위가 없었다면 판매할 수 있었던 특허권자 甲의 물건의 단위수량당 이익액(1,000원)을 곱하여 얻어진 금액(1,500,000원)을 甲이 2017년 중 입은 손해액으로 할 수 있다.

④ 특허법 제128조 제4항에 따를 경우 2,500,000원을 甲이 2017년 중 입은 손해액으로 추정한다.
⑤ 甲이 2017년 중 乙의 침해행위로 인해 입은 손해액으로 500,000원을 초과하여 청구한 경우, 법원은 500,000원으로 감액해야 한다.

해설

① 특허법 제128조에 따르면 제2항, 제4항, 제5항에 따른 금액; 또는 제8항에 따른 금액으로 손해배상을 청구할 수 있다. 예컨대 특허법 제128조 제5항에 따르면 특허권자의 생산능력과 관계없이 합리적 실시료 상당액을 손해액으로 하여 손해배상을 청구할 수 있다(특허법 제128조 제5항).
② 특허법 제128조 제2항에 따르면 특별한 사정이 없는 한 침해자 양도수량 전부에 대해 손해배상을 받을 수 있다.
[{(침해자 양도수량 - 침해행위 외의 사유로 판매 불가 수량) ≤ (Max, 특·전 생산 가능 수량 - 판매 수량)} × 특·전 이익액] + [(Max 초과 수량 + 침해행위 외의 사유로 판매 불가 수량 - 실시권 설정 불가 수량) × 합리적 실시료] = [{(3,000개 - 500개) ≤ (2,000개 - 1,500개)} × 1,000원] + {(2,000개 + 500개 - 0)} × 200원 = 1,000,000원
③ [{(2,500개 - 0개) ≤ (2,000개 - 1,000개)} × 1000원] + [(1,500개 - 0개) × 200원] = 1,300,000원
④ 2,500개 × 1,000원 = 2,500,000원
⑤ 손해액이 특허법 제128조 제5항에 따른 금액을 초과하는 경우에는 그 초과액에 대해서도 손해배상을 청구할 수 있으나 침해자에게 고의 또는 중대한 과실이 없으면 초과액에 대해 손해배상액을 산정할 때 그 사실을 고려할 수 있다(특허법 제128조 제6항). 특허법 제128조 제5항에 따른 금액은 최저 법정배상액이며, 특허법 제128조 제6항에서 감액할 수 있는 금액 범위는 제5항에 따른 금액 초과액에 대해서이다.

정답 ④

심판		
일반	사건	재심
심판관(제132조의16, 제143조, 제144조, 제145조, 제146조, 제148조, 제149조, 제150조, 제151조, 제152조, 제153조, 제153조의2)	제132조의2 - 15 제132조의17, 제170조, 제171조, 제172조, 제176조 제136조 제133조, 제133조의2 제134조	제178조, 제179조, 제180조, 제184조, 제185조

국선대리인(제139조의2) 심판청구방식(제139조, 제140조, 제140조의2, 제141조, 제142조) 전문심리위원 및 참고인(제154조의2, 제154조의3) 심판절차(제147조, 제154조, 제158조, 제158조의2, 제159조, 제160조, 제162조, 제165조, 제166조[82]), 제155조, 제156조, 제157조) 조정(제164조의2) 취하 및 심결의 효력(제161조, 제163조)	제137조 제135조 제138조	

	특허취소신청	특허무효심판
제도 취지	특허권의 조기 안정화	당사자간의 분쟁해결
절차	결정계 절차 (특허청과 특허권자)	당사자계 절차 (심판청구인과 특허권자)
청구인 적격	누구나	이해관계인 또는 심사관
신청/청구 기간	설정등록일부터 등록공고 후 6개월까지(권리 소멸 후에는 불가)	설정등록 후 언제나(권리 소멸 후에도 가능)
취하	청구항 별로 가능 결정등본이 송달되기 전(취소이유 통지 후에는 불가능)	청구항 별로 가능 심결이 확정되기 전(답변서 제출 후에는 상대방의 동의 필요)
취소/무효이유	신규성, 진보성, 확대된 선원, 선원	신규성, 진보성, 기재불비, 모인출원, 공동출원 위반, 권리향유위반, 조약위반 등
심리방식	서면심리	서면심리 및 구술심리
복수 사건의 심리	원칙 병합 심리	원칙 사건별 심리

---

[82] Cf) 제125조의2

결정/심결	취소결정(취소결정 전에 취소이유통지), 기각결정 또는 각하결정	무효심결, 기각심결 또는 각하심결
불복 소제기	취소결정, 신청서 각하결정에 대해서는 특허청장을 피고로 특허법원에 불복 기각결정, 합의체의 각하결정에 대해서는 불복불가	청구서 각하결정에 대해서는 특허청장을 피고로 특허법원에 불복 청구인 및 피청구인 모두 상대방을 피고로 하여 특허법원에 제소 가능

17 특허취소신청에 관하여 옳지 않은 것은?

① 누구든지 특허권의 설정등록일부터 6개월이 되는 날까지 특허심판원장에게 특허취소신청을 할 수 있다.
② 특허취소결정에 대해서는 특허권자가 특허법원에 불복할 수 있으나 특허취소신청의 기각결정에 대해서는 불복할 수 없다.
③ 특허취소신청은 결정등본이 송달되기 전까지만 취하할 수 있으나 취소이유가 통지된 후에는 취하할 수 없다.
④ 특허취소신청에 대한 결정이 있을 때까지 특허권자를 보조하기 위하여 그 심리에 참가할 수 있다.
⑤ 특허취소신청에 관한 심리는 서면으로 할 뿐 구술심리는 하지 않는다.

해 설

① 등록공고일부터 6개월이 되는 날까지이다.
② 특허법 제132조의13 제5항.
③ 특허법 제132조의12 제1항.
④ 특허법 제132조의9 제1항.
⑤ 특허법 제132조의8 제1항.

정 답 ①

	소송	
특허법원	행정심판·행정법원	대가 등 (행정심판·행정법원 또는 민사법원)
제186조[83]), 제187조[84]), 제188조, 제189조, 제188조의2, 제191조의2	제115조, 제224조의2[85])	제115조, 제186조 제7항, 제190조, 제191조

18 소송에 관한 설명 중 옳지 않은 것은?

① 특허취소결정 또는 심결에 대한 소 및 특허취소신청서, 심판청구서, 재심청구서의 각하결정에 대한 소는 특허법원의 전속관할로 한다.
② 통상실시권허여심판에서 정한 대가의 심결 및 심판비용의 심결 또는 결정에 대하여는 독립하여 특허법원에 소를 제기할 수 없다.
③ 적극적 권리범위확인심판에 대한 각하심결에 대해 불복하는 경우는 심판청구인이 특허청장을 피고로 하여 소를 제기해야 한다.
④ 특허법원은 특허무효심판의 기각심결에 대한 취소청구가 이유 있다고 인정하면 심결을 취소할 수 있을 뿐 특허를 무효로 할 수 없다.
⑤ 심판의 당사자, 참가인뿐 아니라 심판에 참가를 신청하였으나 그 신청이 거부된 자도 심결취소소송을 제기할 수 있다.

해설

① 특허법 제186조 제1항.
② 특허법 제186조 제7항.
③ 당사자계 심판의 심결에 대한 소는 진자가 이긴자를 피고로 삼아 소를 제기한다(특허법 제187조).
④ 특허법 제189조 제1항.
⑤ 특허법 제186조 제2항 제3호.

정답 ③

---

83) Cf) 제162조 제2항 제5호의 대가, 제165조 제1항의 심판비용부담에 대해서는 독립하여 특허법원에 불복 불가
84) 당사자계 심판의 심결 제외하고는 특허청장을 피고로.
85) Cf) 제78조 제3항, 제152조 제4항, 제156조 제5항, 제132조의6 제2항, 제132조의13 제5항 불복 불가 / 제224조의3 제5항도 불복 불가

보칙	벌칙
제215조[86], 제215조의2[87], 제216조[88], 제217조, 제217조의2, 제222조, 제224조의3, 제224조의4, 제224조의5	제224조, 제225조부터 제232조

19 특허법상 벌칙에 관한 설명 중 옳지 않은 것은?

① 침해죄에 해당하는 침해행위를 조성한 물건 또는 그 침해행위로부터 생긴 물건은 몰수하거나 피해자의 청구에 따라 그 물건을 피해자에게 교부할 것을 선고하여야 한다.
② 법인의 업무에 관하여 종업원이 허위표시의 죄를 하면 그 행위자를 벌하는 외에 그 법인에는 6천만원 이하의 벌금형을 과하나, 법인이 위 위반행위를 방지하기 위하여 상당한 주의와 감독을 게을리하지 아니한 경우에는 그러하지 아니하다.
③ 거짓이나 그 밖의 부정한 행위로 특허권의 존속기간의 연장등록을 받은 자는 3년 이하의 징역 또는 2천만원 이하의 벌금에 처한다.
④ 국외에서 정당한 사유 없이 특허법 제224조의3 제1항에 따른 비밀유지명령을 위반한 자에 대해서도 5년 이하의 징역 또는 5천만원 이하의 벌금에 처한다.
⑤ 특허취소신청 사건에서 위증을 한 증인이 특허취소신청에 대한 결정이 확정되기 전에 자수했다면 그 형을 감경 또는 면제할 수 있다.

해설

① 특허법 제231조 제1항.
② 특허법 제230조 제2호.
③ 구법상의 벌금형이다. 개정법에서는 3천만 이하의 벌금으로 개정했다(특허법 제229조).
④ 국내외에서 비밀유지명령을 위반한 경우 죄가 성립한다(특허법 제229조의2 제1항).
⑤ 특허법 제227조 제2항.

정답 ③

---

86) Cf) 제119조 제1항이 규정되어 있어 청구항별로 포기 가능하다는 점 숙지
87) Cf) 시규 제19조 절차 포기 또는 취하는 절차 계속 중이면 임의의 시점에서 가능 / 청구항별 포기는 특허료 납부시에만 가능 (시규 제19조의2) / 청구항별 취하는 불가(判例)
88) Cf) 출원공개 또는 설정등록(등록공고 아님) 이후 열람 가능할 수 있음

직원 비밀누설죄	전문심리위원 비밀누설죄
5년 이하의 징역 또는 5천만원 이하의 벌금	2년 이하의 징역이나 금고 또는 1천만원 이하의 벌금

PCT		
수리절차 (대한민국 수리관청)	국제절차	국내절차 (대한민국 지정관청)
제192조[89], 제197조[90], 제193조[91], 제194조[92][93], 제195조[94], 제196조[95], 제198조	시규 제106조의7 제1항[96]) 제198조의2, 시규 제106조의11 제5항, 시규 제106조의14 제1항, 시규 제106조의19 시규 제106조의26, 시규 제106조의39, 시규 제106조의41,	제199조, 제200조[97], 제200조의2, 제203조, 제201조, 제204조, 제205조, 제202조, 제206조[98]), 제207조(기준일 도과하여 공개할 국어번역문 확정된 경우 + 국제공개된 이후 + 우선일부터 1년 6개월 이후), 제208조(수・번・기), 제209조(수・번), 제210조(수・번 / 국내서면제출기간 지난 후), 제211조, 제214조[99])

	국제조사	국제예비심사
대상	모든 국제출원	국제예비심사가 청구된 국제출원
연락권	없음	있음
보정	국제조사보고서 수령 후 소정 기간 내	국제예비심사보고서 작성 개시 전

---

89) Cf) 시규 제90조
90) Cf) 시규 제106조의4
91) Cf) 언어 - 시규 제91조, 체약국 지정 - 시규 제93조의2[모든 체약국 자동 지정, 국내우선권 선출원 취하 회피 위해 체약국 지정 제외 가능(시규 제93조의2 제2항)]
92) Cf) 시규 제99조의2 보완 지정기간 2개월
93) Cf) 시규 제99조 제1항, 통지일부터 2개월
94) Cf) 시규 제101조
95) Cf) 시규 제106조, 보정 명한 날부터 1개월, 국제출원일부터 4개월
96) 우선일부터 2년 6개월 또는 기준일 중 빠른 날 전까지
97) Cf) 시규 제111조, 기준일 경과후 30일
98) Cf) 시규 제116조, 기준일부터 2개월
99) Cf) 시규 제117조, 출원인에게 통지된 날부터 2개월

단일성 결여	추가수수료 지불요구	출원인의 선택에 의해 청구범위의 감축 또는 추가수수료 지불요구
이용가능자	국제출원을 할 수 있는 자	제2장 규정에 구속된 체약국 거주자 또는 국민이 그러한 체약국 또는 국가를 위해 행동하는 수리관청에 국제출원 한 경우만 적용
절차	1. 국제조사기관과 출원인간의 의견교환 - 원칙적 불허용 2. 보정 불허용 3. 불리한 보고 작성 전에 예고 받을 권리 없음 4. 단일성 불인정 경우에 추가 수수료 납부 5. 절차의 종료 - 보고서 또는 부작성선언서 및 견해서 작성	1. 출원인은 국제예비심사기관과 구두 또는 서면으로 연락 관리함 2. 보정 허용 3. 불리한 보고 작성 전에 예고 받을 권리 있음 4. 단일성 불인정 경우에 추가 수수료 납부 또는 청구범위 감축 5. 절차의 종료 - 보고서 작성

국제조사보고서 부작성 선언 사유(시규 제106조의11 제5항)

국제출원의 대상이 다음 각 목의 어느 하나에 해당하는 경우 가. 과학 또는 수학의 이론 나. 단순히 발견한 동물·식물의 변종 다. 사업활동, 순수한 정신적 행위의 수행 또는 유희에 관한 계획, 법칙 또는 방법 라. 수술 또는 치료에 의한 사람의 처치방법 및 진단방법 마. 정보의 단순한 제시 바. 심사관이 선행기술을 조사할 수 없는 컴퓨터프로그램	발명의 설명, 청구범위 또는 도면에 필요한 사항이 기재되어 있지 아니하거나 기재된 사항이 현저히 불명료하여 유효한 국제조사를 할 수 없는 경우

	PCT 19조 보정	PCT 34조 보정
주체	국제조사보고서 받은 출원인	국제예비심사 청구한 출원인
시기	국제조사보고서 송달일부터 2개월 또는 우선일부터 16개월 중 늦은날까지	국제예비심사보고서 작성 시까지
제출처	국제사무국에 대하여	국제예비심사기관에 대하여

횟수	1회	횟수 제한 없음
보정대상	청구범위	청구범위, 발명의 설명, 도면
보정범위	출원 시 국제출원의 범위	출원 시 국제출원의 범위

국제공개예외 - PCT21(5) 국제공개 전 국제출원 취하, PCT21(6) 공서양속에 반하는 부분, PCT64(3) 국제공개 필요 없다고 선언한 국가만 지정한 경우

20 특허협력조약에 의한 국제출원에 대한 다음 설명 중 옳은 것은?

① 미국특허청에 2008년 5월 6일 특허출원 A를 하고 특허출원 A를 기초로 우선권주장을 수반하여 특허협력조약에 의해 2009년 3월 3일 미국특허청을 수리관청으로 하여 영어로 국제출원 B를 하고 2010년 3월 3일 한국특허청에 국제출원 B의 국어 번역문을 제출한 경우 한국특허청에서는 국제출원 B를 2009년 3월 3일 출원된 특허출원으로 본다.
② 국제출원일에 제출된 국제출원의 발명의 설명, 청구의 범위, 도면 등에는 기재되어 있으나 그 번역문에는 기재되어 있지 않은 발명이 있는 경우 이를 이유로 국제특허출원이 거절될 수 있다.
③ 국제출원의 출원인이 국제조사보고서를 받은 후 청구의 범위에 대하여 보정을 한 때에 보정 후의 청구의 범위에 대해서만 국어번역문을 제출하면 국제조사보고서를 받은 후 보정한 청구의 범위가 특허법 제47조 제2항 전단의 최초로 첨부한 명세서에 기재된 청구범위로 인정된다.
④ 국내서면제출기간내 국제출원일에 제출한 발명의 설명 및 청구의 범위에 대한 번역문의 제출이 없는 경우에는 그 국제특허출원은 포기한 것으로 본다.
⑤ 미국특허청에 특허협력조약에 의해 영어로 국제출원을 한 후 한국특허청에 특허법 제201조(국제특허출원의 번역문)에서 규정한 번역문을 제출하고 특허출원에 관한 수수료를 납부하면, 제3자는 국내서면제출기간 내에 그 국제특허출원에 대하여 출원심사의 청구를 할 수 있다.

해 설
① 특허법 제199조 제1항.
② 일종의 삭제보정이며(특허법 제201조 제5항), 삭제보정은 하자가 아니다.
③ PCT19조 보정 후의 청구범위로 번역문의 제출이 가능할 뿐이고, 최초 명세서 및 도면은 국제출원일 당시 제출한 발명의 설명, 청구범위, 도면이다.

④ 취하간주된다(특허법 제201조 제4항).
⑤ 제3자는 국내서면제출기간 경과 후에만 심사청구가 가능하다(특허법 제210조 제2호).

정답 ①

21 실용신안에 관한 설명으로 옳지 않은 것은? (다툼이 있는 경우 판례에 의함)

① 고안과 디자인은 모두 물품의 형상에 관한 것을 대상으로 하는바 실용신안등록출원과 디자인등록출원 사이에서는 선원주의가 적용되므로 동일한 물품의 형상에 대해 같은 날에 실용신안등록출원과 디자인등록출원이 있는 경우 협의에 의해 정해진 어느 하나의 출원만이 등록될 수 있다.
② 실용신안등록출원에 대하여 실용신안등록출원일부터 4년 또는 출원심사의 청구일부터 3년 중 늦은 날보다 지연되어 실용신안권의 설정등록이 이루어진 경우는 그 지연된 기간만큼 해당 실용신안권의 존속기간을 연장할 수 있다.
③ 안마기장치에 관한 발명에 대해 특허출원한 후 이를 특허출원이 아닌 실용신안등록으로 출원하면서 국내우선권주장의 기초로 삼을 수 있다.
④ 누구든지 실용신안등록출원에 대하여 실용신안등록출원일부터 3년 이내에 출원심사의 청구를 할 수 있으며, 분할출원의 경우는 위 기간이 지난 후에도 분할출원을 한 날부터 30일 이내에 심사청구할 수 있다.
⑤ 국기 또는 훈장과 동일하거나 유사한 고안은 신규성과 진보성이 있더라도 실용신안등록을 받을 수 없다.

해 설

① 선원주의는 특허와 실용신안 상호간에만 적용되며, 실용신안과 디자인간에는 적용되지 않는다(실용신안법 제7조 제3항).
② 실용신안법 제22조의2.
③ 특허법 제55조 준용(실용신안법 제11조).
④ 실용신안법 제12조 제2항, 제3항. 특허와 동일하다.
⑤ 실용신안법 제6조.

정답 ①

	특허법	실용신안법
대상	발명 (물건, 방법, 제조방법 카테고리 포함) (특허법제2조3호)	물품의 형상, 구조, 조합에 관한 고안 (물품성 수반하는 협의의 물건 카테고리만 해당) (실용신안법제4조1항)
성립 요건	고도성 要 (특허법제2조1호→특허법제29조 제2항에서 평가)	고도성 不要 (실용신안법제2조1호→실용신안법제4조 제2항의 문구가 특허법제29조 제2항과 상이)
진보성	쉽게 (특허법제29조2항)	극히 쉽게 (실용신안법제4조2항)
부등록 사유	공서양속 문란, 공중의 위생 해할 염려 있는 발명 (특허법제32조)	공서양속 문란, 공중의 위생 해할 염려 있는 발명 + 국기, 훈장과 동일, 유사 고안 (실용신안법제6조)
도면 첨부 要不	필요한 경우만 (특허법제42조2항)	필수 / 미제출시 반려 (실용신안법제8조2항 / 실용신안법시행규칙제17조 제1항)
우선 심사 대상의 상이	1. 녹색기술과 직접 관련된 특허출원 2. 인공지능 또는 사물인터넷 등 4차 산업혁명과 관련된 기술을 활용한 특허출원 3. 특허청이 특허협력조약에 따른 국제조사기관으로서 국제조사를 수행한 국제특허출원 4. 특허청장이 외국특허청장과 우선심사 하기로 합의한 특허출원 5. 재난의 예방·대응·복구 등에 필요한 특허출원 (특허법시행령제9조) 6. 타법에 따른 우선심사 대상 특허출원 (특허법시행규칙제39조)	1. 공해방지에 유용한 실용신안등록출원 (실용신안법시행령제5조)

존속 기간	설정등록이 있는날부터 특허출원일 후20년 (특허법제88조1항)	설정등록이 있는날부터 실용신안등록출원일 후10년 (실용신안법제22조1항)
존속 기간 연장 제도	허가 등(특허법제89조) & 등록지연(특허법제92조의2)	등록지연(실용신안법제22조의2)
효력 제한	1. 연구, 시험 2. 국내통과 3. 특허출원시 물건 4. 약사법상 조 제 (특허법제96조)	1. 연구, 시험 2. 국내통과 3. 특허출원시 물건 (실용신안법제24조)
간접 침해	물건, 방법 모두 규정 有 (특허법제127조)	방법/물질에 관한 규정은 無 (실용신안법제29조)
생산 방법 추정 규정	有 (특허법제129조)	無
PCT (도면 제출)	–	실용신안법 제36조(도면 제출) ① 국제출원일에 제출한 국제출원이 도면을 포함하지 아니한 경우 기준일까지 도면(도면에 관한 간단한 설명을 포함한다)을 특허청장에게 제출 ② 도면 미제출시 또는 도면의 국어번역문의 미제출시 특허청장은 제출명령 可 ③ 특허청장은 제2항의 규정에도 불구하고 미제출시 그 국제실용신안등록출원을 무효 可 ④ 제1항 또는 제2항의 규정에 의하여 제출된 도면 및 도면의 국어 번역문은 특허법 47조의 보정으로 취급. 단, 「특허법」 제47조 제1항의 보정기간은 도면의 제출에 미적용.

침해죄	반의사불벌죄, 피해자의 명시적인 의사에 반하여 공소를 제기할 수 없다 (특허법 제225조 제2항)	반의사불벌죄, 피해자의 명시적인 의사에 반하여 공소를 제기할 수 없다 (실용신안법 제45조 제2항)
몰수	침해행위를 조성한 물건 또는 그 침해행위로부터 생긴 물건은 몰수하거나 피해자의 청구에 따라 그 물건을 피해자에게 교부할 것을 선고하여야 한다(특허법 제231조)	침해행위를 조성한 물건 또는 그 침해행위로부터 생긴 물건은 몰수하거나 피해자의 청구에 따라 그 물건을 피해자에게 교부할 것을 선고할 수 있다(실용신안법 제51조)
전문심리위원 비밀 누설죄	전문심리위원 또는 전문심리위원이었던 자가 그 직무수행 중에 알게 된 다른 사람의 비밀을 누설하는 경우에는 2년 이하의 징역이나 금고 또는 1천만원 이하의 벌금에 처한다.	-

22 무역관련 지적재산권에 관한 협정(이하 TRIPs 협정이라고 함)에 관한 설명 중 옳지 않은 것은?

① TRIPs 협정은 생명 또는 건강을 보호하거나, 공공질서 또는 공서양속을 보호하거나, 환경에의 심각한 피해를 회피하기 위하여 필요한 경우 특정 발명을 특허대상에서 제외할 수 있도록 허용하나, 이러한 제외는 그 발명의 이용이 그 나라 법에 의해 금지되어 있다는 이유만으로 취해서는 아니 된다고 명시하고 있다.
② 특허의 보호기간을 출원일부터 20년이 경과하기 전에 종료되도록 규정하더라도 TRIPs 협정에 위반되는 것은 아니다.
③ TRIPs 협정은 자기나라 국민보다 불리한 대우를 다른 회원국의 국민에게 부여해서는 아니 된다는 내국민대우의 원칙과 다른 회원국의 국민에게 부여되는 이익은 특별한 사정이 없는 한 모든 회원국의 국민에게 부여되어야 한다는 최혜국대우의 원칙을 규정하고 있다.
④ TRIPs 협정에서 규정하는 권리자의 승인 없이 특허발명의 사용을 허용하는 강제실시권은 동 사용을 향유하고 있는 기업과 함께 양도하는 경우 양도가 가능하다.

⑤ TRIPs 협정은 특허된 제법에 의해 취득된 물질이 신규인 경우 반대의 증거가 없는 한 제3자가 동일 물질을 생산했다면 특허된 제법에 의해 생산한 것으로 본다.

해 설

① TRIPs 제27조 2.
② 출원일부터 20년은 넘어야 한다(TRIPs 제33조).
③ TRIPs 제3조, 제4조. TRIPs 제4조를 보면 가. 나. 다.에 해당하는 경우를 제외하고 최혜국대우를 할 것을 언급하고 있어, 지문에서 "특별한 사정이 없는 한"이라는 표현을 삽입했다.
④ TRIPs 제31조 마. 실시사업과 함께 이전하는 경우 이전이 가능하다. 특허법 제102조 제3항과 비슷한 내용이다.
⑤ TRIPs 제34조. 특허법 제129조의 생산방법추정규정과 비슷한 내용이다.

정 답 ②

PATENT LAW

PART | **02**

주요판례 정리

CHAPTER 1 2023년 대법원 판례
CHAPTER 2 2022년 대법원 판례
CHAPTER 3 2021년 대법원 판례

CHAPTER 01 2023년 대법원 판례

1. 대법원 2023. 1. 12. 선고 2020후11813 판결 권리범위확인

▶ 청구범위 해석

특허발명의 청구범위는 특허출원인이 특허발명으로 보호받고자 하는 사항을 기재한 것이므로 특허발명의 확정은 청구범위에 기재된 사항에 의하여야 하고 발명의 설명이나 도면 등 다른 기재로 청구범위를 제한하거나 확장하여 해석하는 것은 허용되지 않지만, 청구범위에 기재된 사항은 발명의 설명이나 도면 등을 참작하여야 그 기술적인 의미를 정확하게 이해할 수 있으므로, 청구범위에 기재된 사항은 그 문언의 일반적인 의미를 기초로 하면서도 발명의 설명 및 도면 등을 참작하여 그 문언에 의하여 표현하고자 하는 기술적 의의를 고찰한 다음 객관적·합리적으로 해석하여야 한다.

▶ 권리범위확인심판 심리대상

권리범위확인심판은 권리의 효력이 미치는 범위를 대상물과의 관계에서 구체적으로 확정하는 것이어서 특허권 권리범위확인심판 청구의 심판대상은 심판청구인이 그 청구에서 심판의 대상으로 삼은 구체적인 발명이다.

소극적 권리범위확인심판에서는 심판청구인이 현실적으로 실시하는 기술이 심판청구에서 심판의 대상으로 삼은 구체적인 발명과 다르다고 하더라도 심판청구인이 특정한 발명이 실시가능성이 없을 경우 그 청구의 적법 여부가 문제로 될 수 있을 뿐이고, 여전히 심판의 대상은 심판청구인이 특정한 확인대상발명으로, 이를 기준으로 특허발명과 대비하여 그 권리범위에 속하는지 여부를 판단하여야 한다.

▶ 구체적 판단 및 결론

명칭을 '골반저근 강화연습용 디바이스 및 이의 제어방법'으로 하는 이 사건 특허발명(특허번호 생략) 청구항 제1항(이하 '이 사건 제1항 발명'이라 한다)의 '디바이스바디(B)에 사용자의 항문이 접촉되지 않으면서 사용자의 항문에 대응되는 위치 주위를 둘러서 배열되는 2개 이상의 저주파펄스인가용 전극패드(P)'라는 부분은 사용자의 항문이 디바이스바디에 위치한 위와 같은 2개 이상의 전극패드에 접촉하지 않는다는 것으로 해석된다.

확인대상발명은 확인대상발명의 설명서 및 도면에 의하여 특정되므로 그 설명서의 일부로 볼 수 있는 특허발명과 확인대상 발명의 대비표 기재 역시 고려하여 그 특정 여부를 판단하고 이를 파악하여야 하는데, 확인대상발명의 설명서 중 일부인 대비표에는 '제1전극 및 제2전극은 돌출부상에 형성되어 사용자의 항문과 접촉하므로'라고 명시되어 있으므로 확인대상발명은 이 사건 제1항 발명과 대비할 수 있을 정도로 특정되었고, 위와 같이 제1, 2전극이 사용자의 항문과 접촉하는 구성을 가진 것으로 파악된다.

결국 확인대상발명은 이 사건 제1항 발명의 '사용자의 항문이 접촉되지 않는'구성을 결여하여 그 권리범위에 속하지 않으므로, 이와 결론을 같이 한 이 사건 심결은 적법하다.

2. 대법원 2023. 2. 2. 선고 2020후11738 판결 등록무효

▶ 선택발명 진보성

선행발명에 특허발명의 상위개념이 공지되어 있는 경우에도 구성의 곤란성이 인정되면 진보성이 부정되지 않는다. 선행발명에 발명을 이루는 구성요소 중 일부를 두 개 이상의 치환기로 하나 이상 선택할 수 있도록 기재하는 이른바 마쿠쉬(Markush) 형식으로 기재된 화학식과 그 치환기의 범위 내에 이론상 포함되기만 할 뿐 구체적으로 개시되지 않은 화합물을 청구범위로 하는 특허발명의 경우에도 진보성 판단을 위하여 구성의 곤란성을 따져 보아야 한다.

▶ 구성의 곤란성 판단방법

위와 같은 특허발명의 구성의 곤란성을 판단할 때에는 선행발명에 마쿠쉬 형식 등으로 기재된 화학식과 그 치환기의 범위 내에 ① 이론상 포함될 수 있는 화합물의 개수, 통상의 기술자가 선행발명에 마쿠쉬 형식 등으로 기재된 화합물 중에서 특정한 화합물이나 특정 치환기를 ② 우선적으로 또는 쉽게 선택할 사정이나 동기 또는 암시의 유무, 선행발명에 구체적으로 기재된 화합물과 특허발명의 ③ 구조적 유사성 등을 종합적으로 고려하여야 한다.

▶ 효과의 현저성 판단방법

특허발명의 진보성을 판단할 때에는 그 발명이 갖는 특유한 효과도 함께 고려하여야 한다. 선행발명에 이론적으로 포함되는 수많은 화합물 중 특정한 화합물을 선택할 동기나 암시 등이 선행발명에 개시되어 있지 않은 경우에도 그것이 아무런 기술적 의의가 없는 임의의 선택에 불과한 경우라면 그와 같은 선택에 어려움이 있다고 볼 수 없는데, 발명의 효과는 선택의 동기가 없어 구성이 곤란한 경우인지 임의의 선택에 불과한 경우인지를 구별할 수 있는 중요한 표지가 될 수 있기 때문이다. 또한 화학, 의약 등의 기술분야에 속하는 발명은 구성만으로 효과의 예측이 쉽지 않으므로, 선행발명으로부터 특허발명의 구성요소들이 쉽게 도출되는지를 판단할 때 발명의 효과를 참작할 필요가 있고, 발명의 효과가 선행발명에 비하여 현저하다면 구성의 곤란성을 추론하는 유력한 자료가 될 것이다. 나아가 구성의 곤란성 여부의 판단이 불분명한 경우라고 하더라도, 특허발명이 선행발명에 비하여 이질적이거나 양적으로 현저한 효과를 가지고 있다면 진보성이 부정되지 않는다.

효과의 현저성은 특허발명의 명세서에 기재되어 통상의 기술자가 인식하거나 추론할 수 있는 효과를 중심으로 판단하여야 하고, 만일 그 효과가 의심스러울 때에는 그 기재 내용의 범위를 넘지 않는 한도에서 출원일 이후에 추가적인 실험 자료를 제출하는 등의 방법으로 그 효과를 구체적으로 주장·증명하는 것이 허용된다

▶ 구체적 판단 및 결론

선행발명의 내용(①), 양 화합물의 전체 구조상 유사 정도 및 차이점에 해당하는 치환기의 유사 정도(③), 선행발명에 개시된 가능 치환기의 범위(②) 등에 비추어 보면, 통상의 기술자는 실시례 12 화합물의 해당 작용기인 메톡시기와 가장 유사한 물성을 보이는 작용기 중 하나일 것으로 예측되는 에톡시기로 치환하는 것을 우선적으로 시도해 봄으로써 실시례 12 화합물과 다파글리플로진의 차이점을 쉽게 극복할 수 있을 것으로 보인다. 따라서 다파글리플로진에 관한 이 사건 제1항 발명은 선행발명에 의해 진보성이 부정된다(구성의 곤란성 없다).

다파글리플로진에 대한 원고 주장의 우수한 효과는 갑 제5, 6호증의 기재 내용에 나아가 살펴볼 필요 없이(명세서 기재된 효과가 아니므로) 이 사건 제1항 발명의 진보성 인정에 고려될 수 없다. 나아가 원심판결 이유를 관련 법리와 기록에 비추어 살펴보면, 원심이 메톡시기를 에톡시기로 치환하는 것이 우선적으로 시도해 봄직하다는 이유만으로 효과에 대한 고려 없이 그 구성이 곤란하지 않다고 단정한 데에는 부적절한 면이 있다. 그러나 당뇨병 치료와 관련해 개선된 효과를 찾기 위한 유기화합물 스크리닝 과정에서 우선적으로 시도해 볼 수 있는 치환을 통해 선행발명에 개시된 화합물의 효과에 비하여 어느 정도 개선된 효과를 얻은 것만으로는 효과가 현저하다고 보기 부족하다는 점에서 이 사건 제1항 발명이 선행발명에 의해 진보성이 부정된다는 원심의 결론 자체는 정당하고, 거기에 필요한 심리를 다하지 아니한 채 논리와 경험의 법칙을 위반하여 자유심증주의의 한계를 벗어나거나 특허발명의 진보성 판단에 관한 법리를 오해하는 등으로 판결에 영향을 미친 잘못이 없다.

3. 대법원 2023. 2. 2. 선고 2022후10210 판결 권리범위확인

▶ 문언범위 및 균등범위

특허발명과 대비되는 확인대상 발명이 특허발명의 권리범위에 속한다고 하기 위해서는 특허발명의 청구범위에 기재된 각 구성요소와 그 구성요소 간의 유기적 결합관계가 확인대상 발명에 그대로 포함되어 있어야 한다. 확인대상 발명에 특허발명의 청구범위에 기재된 구성 중 변경된 부분이 있는 경우에도 특허발명과 과제해결원리가 동일하고, 특허발명에서와 실질적으로 동일한 작용효과를 나타내며, 그와 같이 변경하는 것이 그 발명이 속하는 기술분야에서 통상의 지식을 가진 사람(이하 '통상의 기술자'라고 한다)이라면 누구나 쉽게 생각해 낼 수 있는 정도라면, 특별한 사정이 없는 한 확인대상 발명은 특허발명의 청구범위에 기재된 구성과 균등한 것으로서 여전히 특허발명의 보호범위에 속한다고 보아야 한다.

▶ 균등범위 도입 취지

특허의 보호범위가 청구범위에 적혀 있는 사항에 의하여 정하여짐에도(특허법 제97조) 위와 같이 청구범위의 구성요소와 침해대상제품 등의 대응구성이 문언적으로 동일하지는 않더라도 서로 균등한 관계에 있는 것으로 평가되는 경우 이를 보호범위에 속하는 것으로 보아 침해를 인정하는 것은, 출원인이 청구범위를 기재하는 데에는 문언상 한계가 있기 마련인데 사소한 변경을 통한 특허 침해 회피 시도를 방치하면 특허권을 실질적으로 보호할 수 없게 되기 때문이다.

▶ 쉽게 변경 가부 판단기준시

위와 같은 균등침해 인정의 취지를 고려하면, 특허발명의 출원 이후 침해 시까지 사이에 공지된 자료라도 구성 변경의 용이성 판단에 이를 참작할 수 있다고 봄이 타당하다.

한편, 특허법이 규정하고 있는 권리범위 확인심판은 특허권 침해에 관한 민사소송과 같이 침해금지청구권이나 손해배상청구권의 존부와 같은 분쟁 당사자 사이의 권리관계를 최종적으로 확정하는 절차가 아니고, 그 절차에서의 판단이 침해소송에 기속력을 미치는 것도 아니지만, 당사자 사이의 분쟁을 사전에 예방하거나 조속히 종결시키기 위하여 심결시를 기준으로 간이하고 신속하게 확인대상 발명이 특허권의 객관적인 효력범위에 포함되는지를 확인하는 목적을 가진 절차이다. 이러한 제도의 취지를 고려하면 권리범위 확인심판에서는 확인대상 발명에 특허발명의 청구범위에 기재된 구성 중 변경된 부분이 있는 경우 심결시를 기준으로 하여 특허발명의 출원 이후 공지된 자료까지 참작하여 그와 같은 변경이 통상의 기술자라면 누구나 쉽게 생각해 낼 수 있는 정도인지를 판단할 수 있다고 봄이 타당하다.

▶ **구체적 판단 및 결론**

이 사건 심결시를 기준으로 통상의 기술자라면 누구나 이 사건 제1항 발명의 '다파글리플로진'을 의약품으로 개발하는 과정에서 확인대상 발명의 '다파글리플로진 포메이트'를 주성분의 탐색 대상에 쉽게 포함시켜 그 물리화학적 성질 등을 확인할 것으로 보이므로, 통상의 기술자가 이 사건 제1항 발명의 다파글리플로진을 확인대상 발명의 다파글리플로진 포메이트로 변경하는 것은 공지기술로부터 쉽게 생각해낼 수 있는 정도로 볼 수 있다.

원심은 같은 취지에서, 통상의 기술자가 이 사건 제1항 발명의 다파글리플로진을 확인대상 발명의 다파글리플로진 포메이트로 변경하는 것이 쉽다고 판단하였다. 이러한 원심의 판단에 상고이유 주장과 같이 필요한 심리를 다하지 않은 채 논리와 경험의 법칙을 위반하여 자유심증주의의 한계를 벗어나거나 균등침해와 관련한 변경의 용이성 판단 및 그 판단의 기준시점에 관한 법리를 오해하고, 존속기간이 연장된 경우의 특허권의 효력에 관한 특허법 제95조 위반, 권리범위 확인심판에서 판단할 수 없는 확인대상 발명의 등록특허에 대한 진보성 판단 등으로 판결에 영향을 미친 잘못이 없다.

▶ **의식적 제외**

특허발명의 출원과정에서 어떤 구성이 청구범위에서 의식적으로 제외된 것인지는 명세서뿐만 아니라 출원에서부터 특허될 때까지 특허청 심사관이 제시한 견해 및 출원인이 출원과정에서 제출한 보정서와 의견서 등에 나타난 출원인의 의도, 보정이유 등을 참작하여 판단하여야 한다. 따라서 출원과정에서 청구범위의 감축이 이루어졌다는 사정만으로 감축 전의 구성과 감축 후의 구성을 비교하여 그 사이에 존재하는 모든 구성이 청구범위에서 의식적으로 제외되었다고 단정할 것은 아니고, 거절이유통지에 제시된 선행기술을 회피하기 위한 의도로 그 선행기술에 나타난 구성을 배제하는 감축을 한 경우 등과 같이 보정이유를 포함하여 출원과정에 드러난 여러 사정을 종합하여 볼 때 출원인이 어떤 구성을 권리범위에서 제외하려는 의사가 존재한다고 볼 수 있을 때에 이를 인정할 수 있다.

▶ **구체적 판단 및 결론 - 청구범위 감축 보정 있었으나 의식적 제외 인정하지 않은 사안**

원심은 판시와 같은 이유로, 이 사건 특허발명의 출원과정에서 출원인인 원고가 이 사건 제1항 발명의 청구범위 끝부분에 기재되어 있던 '프로드러그 에스테르'를 삭제하는 보정을 하였다 하더라도 이 사건 제1항 발명의 청구범위에서 확인대상 발명의 다파글리플로진 포메이트가 의식적으로 제외되었다고 보기 어렵고, 결국 확인대상 발명은 이 사건 제1항 발명과 그 종속항 발명들인 이 사건 제3 내지 8항 및 제14항 발명과 균등하여 그 권리범위에 속한다고 판단하였다.

원심판결 이유를 관련 법리와 기록에 비추어 살펴보면, 이러한 원심의 판단에 상고이유 주장과 같이 필요한 심리를 다하지 아니하고 논리와 경험의 법칙을 위반하여 자유심증주의의 한계를 벗어나거나 출원경과 금반언에 관한 법리를 오해하여 판결에 영향을 미친 잘못이 없다.

4. 대법원 2023. 3. 13. 선고 2019후11800 판결 거절결정

▶ 진보성 판단방법

발명의 진보성 유무를 판단할 때에는 적어도 선행기술의 범위와 내용, 진보성 판단의 대상이 된 발명과 선행기술의 차이 및 그 발명이 속하는 기술 분야에서 통상의 지식을 가진 사람(이하 '통상의 기술자'라 한다)의 기술수준에 대하여 증거 등 기록에 나타난 자료에 기하여 파악한 다음, 통상의 기술자가 특허출원 당시의 기술수준에 비추어 진보성 판단의 대상이 된 발명이 선행기술과 차이가 있음에도 그러한 차이를 극복하고 선행기술로부터 그 발명을 쉽게 발명할 수 있는지를 살펴보아야 한다. 이 경우 진보성 판단의 대상이 된 발명의 명세서에 개시되어 있는 기술을 알고 있음을 전제로 하여 사후적으로 통상의 기술자가 그 발명을 쉽게 발명할 수 있는지를 판단하여서는 아니 된다.

▶ 결정형 발명 구성의 곤란성 판단방법

의약화합물의 제제설계(製劑設計)를 위하여 그 화합물이 다양한 결정 형태 즉 결정다형(polymorph)을 가지는지 등을 검토하는 다형체 스크리닝(polymorph screening)은 통상 행해지는 일이다. 의약화합물 분야에서 선행발명에 공지된 화합물과 화학구조는 동일하지만 결정 형태가 다른 특정한 결정형의 화합물을 청구범위로 하는 이른바 결정형 발명의 진보성을 판단할 때에는 이러한 특수성을 고려할 필요가 있다. 하지만 그것만으로 결정형 발명의 구성의 곤란성이 부정된다고 단정할 수는 없다. 다형체 스크리닝이 통상 행해지는 실험과 이를 통해 결정형 발명의 특정한 결정형에 쉽게 도달할 수 있는지는 별개 문제이기 때문이다. 한편 결정형 발명과 같이 의약화합물 분야에 속하는 발명은 구성만으로 효과의 예측이 쉽지 않으므로 구성의 곤란성을 판단할 때 발명의 효과를 참작할 필요가 있고, 발명의 효과가 선행발명에 비하여 현저하다면 구성의 곤란성을 추론하는 유력한 자료가 될 수 있다.

결정형 발명의 구성의 곤란성을 판단할 때에는, 결정형 발명의 기술적 의의와 특유한 효과, 그 발명에서 청구한 특정한 결정형의 구조와 제조방법, 선행발명의 내용과 특징, 통상의 기술자의 기술수준과 출원 당시의 통상적인 다형체 스크리닝 방식 등을 기록에 나타난 자료에 기초하여 파악한 다음, 선행발명 화합물의 결정다형성이 알려졌거나 예상되었는지, 결정형 발명에서 청구하는 특정한 결정형에 이를 수 있다는 가르침이나 암시, 동기 등이 선행발명이나 선행기술문헌에 나타나 있는지, 결정형 발명의 특정한 결정형이 선행발명 화합물에 대한 통상적인 다형체 스크리닝을 통해 검토될 수 있는 결정다형의 범위에 포함되는지, 특정한 결정형이 예측할 수 없는 유리한 효과를 가지는지 등을 종합적으로 고려하여, 통상의 기술자가 선행발명으로부터 결정형 발명의 구성을 쉽게 도출할 수 있는지를 살펴보아야 한다.

> ▶ 결정형 발명 효과의 현저성 판단방법
>
> 결정형 발명의 효과가 선행발명 화합물의 효과와 질적으로 다르거나 양적으로 현저한 차이가 있는 경우에는 진보성이 부정되지 않는다. 결정형 발명의 효과의 현저성은 그 발명의 명세서에 기재되어 통상의 기술자가 인식하거나 추론할 수 있는 효과를 중심으로 판단하여야 하고, 만일 그 효과가 의심스러울 때에는 그 기재 내용의 범위를 넘지 않는 한도에서 출원일 이후에 추가적인 실험 자료를 제출하는 등의 방법으로 그 효과를 구체적으로 주장·증명하는 것이 허용된다.

5. 서울행정법원 2023. 6. 30. 선고 2022구합89524 판결 특허출원무효처분취소 청구의 소

> ▶ 원고의 주장
>
> 1) 특허협력조약 제27조, 같은 조약 규칙 51의 2.1 및 2.2에 따르면, 국제출원에 기초한 국내단계출원의 경우 국내 지정관청은 국제특허출원서와 국내단계출원서의 발명자 표시가 동일한지 여부와 그 진위에 관하여만 방식심사를 할 수 있다. 따라서 국제출원서와 국내단계출원서의 발명자 표시가 동일한 이 사건에서 피고는 원고에게 발명자 표시에 관하여 추가적인 보정요구를 할 수 없음에도 법률상 근거 없이 이 사건 보정요구를 하고, 원고가 보정에 응하지 않았다고 보아 이 사건 처분을 하였는바 이는 위법하다.
> 2) 나아가 이 사건 처분은 특허법 제203조 제1항 제4호의 '발명자'는 자연인만이 해당할 수 있다는 전제에서 이루어진 것이다. 그러나 특허법상 출원서의 '발명자'란에 자연인만을 표시하여야 한다고 명시한 규정은 없고, 이 부분 '발명자'가 특허법 제33조 제1항의 '발명을 한 사람'과 반드시 동일하다고 볼 근거도 없다.

즉 자연법칙을 이용한 기술적 사상의 창작으로서 고도한 것(특허법 제2조)을 만들어낸 주체가 자연인이 아닌 인공지능이라면 그 인공지능을 발명자로 기재하지 못하도록 할 아무런 이유가 없으며, 기술 및 산업발전의 도모라는 특허법의 목적과 취지에 비추어 볼 때 그와 같이 기재하는 것을 허용할 현실적 필요성도 충분하다.

3) 즉 특허법상 발명자가 되려면 해당 발명의 기술적 사상의 창작에 실질적으로 기여하여야 하고, 단순히 발명에 대한 기본적인 과제와 아이디어만을 제공하였거나 설비 등을 제공하여 발명의 완성을 도운 정도로는 발명자가 될 수 없다(대법원 2012. 12. 27. 선고 2011다67705, 67712 판결 등 참조). 이 사건 발명은 인간의 아무런 개입 없이 인공지능이 독자적으로 도출해 낸 것인데, 그럼에도 불구하고 이 사건 발명의 발명자를 자연인으로 보정하라고 요구하는 것은 실질적으로 발명자 요건을 만족하지 못하는 자를 거짓으로 기재하라는 것이 되고, 인공지능에 의해 창작된 발명이 유효한 특허로서 전혀 보호받을 수 없게 되는 결과를 가져오므로 부당하다고 보아야 한다. 따라서 그와 같은 보정에 응하지 아니하였다는 이유만으로 이 사건 출원을 무효로 한 이 사건 처분은 위법하다.

▶ **피고가 발명자 표시에 관한 방식심사를 할 수 없다는 주장에 관한 판단**

1) 특허의 국제출원제도 개관

가) 특허에 관한 최초의 국제조약인 파리협약은 특정 국가에서 받은 특허는 그 나라에서만 효력이 있고 다른 나라에서는 이를 주장할 수 없다는 특허독립의 원칙(속지주의)을 채택하였다. 이에 외국에 특허를 출원하고자 하는 사람은 나라마다 다른 특허법에 맞추어 출원서류를 작성·제출하여야 하고, 각국의 특허관청은 상호 독립하여 기술정보의 수집·특허기술의 조사·그에 기반한 특허성의 판단을 하여야 하므로 절차가 중복되고 번잡하였다. 이에 특허협력조약에서는 출원인이 수리관청에 하나의 국제출원서류를 제출하면서 다수의 체약국을 지정하면, 일정 기간에 번역문을 제출하고 소정의 국내수수료를 납부할 것을 조건으로 국제출원서에서 지정한 모든 체약국에서 국제출원일에 직접 출원한 것과 같은 효과를 인정하여 주고, 더하여 국제조사기관에 의한 국제조사를 통하여 출원인이 각국에 번역문 등을 제출하여 절차를 밟기 전에 발명에 대한 특허요건의 충족 여부를 검토받을 수 있는 국제출원제도를 마련하였다.

나) 그 구체적인 절차는, ① 특허관청 또는 세계지적재산권기구(World Intellectual Property Organization, WIPO)의 국제사무국(이하 '국제사무국'이라 한다)에 발명을 출원하는 '국제출원', ② 국제조사기관이 제출된 명세서와 도면 등을 기존의 특허문헌과 비교하여 해당 출원에 대한 선행기술이 있는지

를 검토하는 '국제조사', ③ 국제사무국이 출원서류 및 국제조사보고서를 전자적 형태로 공개하고 이를 출원인에 통보하는 '국제공개', ④ 출원인의 선택에 따라 국제예비심사기관이 해당 출원의 특허성에 관하여 국제조사보다 깊이 있는 조사를 실시하는 '국제예비심사' 등으로 구성되어 있다. 그리고 이처럼 일률적이고 공통적으로 적용되는 이른바 국제단계의 절차가 종료되면 출원인이 지정국이 요구하는 언어로 작성한 번역문 등을 제출함으로써 국내단계로 넘어가고, 이 때 지정국의 특허관청은 독자적으로 심사를 진행하여 해당 발명에 특허를 부여할지를 결정하게 된다.

2) 특허법상 국제출원에 관한 규정

특허법에 의하면, 특허협력조약에 의하여 국제출원일이 인정된 국제출원으로서 특허를 받기 위하여 대한민국을 지정국으로 지정한 국제출원은 그 국제출원일에 출원된 특허출원으로 보고(제199조 제1항), 국제특허출원의 국제출원일까지 제출된 출원서는 제42조 제1항에 따라 제출된 특허출원서로 보며(제200조의2 제1항), 국제특허출원의 출원인은 국내서면 제출기간 내에 출원인의 성명 및 주소, 출원인의 대리인이 있는 경우에는 그 대리인의 성명 및 주소나 영업소의 소재지, 발명의 명칭, 발명자의 성명 및 주소, 국제출원일 및 국제출원번호를 기재한 서면을 특허청장에 제출하여야 한다(제203조 제1항). 특허청장은 위 서면을 국내서면제출기간에 제출하지 아니한 경우나 제출된 서면이 특허법 또는 특허법에 따른 명령으로 정하는 방식에 위반되는 경우 보정기간을 정하여 보정을 명하여야 하고(제203조 제3항), 이에 따라 보정명령을 받은 자가 지정된 기간에 보정을 하지 아니하면 해당 국제특허출원을 무효로 할 수 있다(제203조 제4항).

3) 판단

가) 위와 같은 국제출원제도의 내용 및 특허법의 관련 규정을 모두 종합해 보면, 국제출원절차는 특허법의 속지주의 원칙에 따라 하나의 발명을 여러 나라에 출원하는 경우 각 국에 개별적으로 접수하는 불편과 번잡함을 해소하기 위하여 절차를 간소화한 것에 불과하여, 국제단계에서 특허출원서가 수리되었는지 여부와 관계없이 국내단계에서 지정관청이 국내법에 따른 방식심사를 하는 것이 충분히 가능할 뿐 아니라 이를 하여야 하는 것으로 보일 따름이다. 따라서 피고가 특허법 제203조 제3항에 근거하여 이 사건 출원의 발명자 표시 부분 보정을 요구한 것은 정당하고, 달리 이것이 위법하다고 볼 수 없다.

나) 한편 원고는, 특허협력조약 제27조 및 같은 조약 규칙 51의 2.1. 및 2.2.을 근거로 들어 피고가 발명자 표시에 관한 방식심사를 할 수 없는 것이라는 취지로 주장한다. 그러나 특허협력조약 제27조는 국내법령에서 조약에서 요구하는 절차적 요건에 더하여 추가적인 요건을 요구하는 것을 제한하는

것일 뿐이고, 같은 조약 규칙 51의 2.1. 및 2.2.는 발명자의 동일성에 관한 서류나 증거를 요구하는 것을 제한하는 것일 뿐이므로(출원서에 기재된 발명자 표시에 관한 정당성이 의심되는 경우는 제외), 발명자의 표시 자체가 국내법령에 위배된다고 보아 보정을 명한 이 사건에 적용할 수 있는 규정이 아니다. 따라서 이와 다른 원고의 이 부분 주장은 받아들이지 않는다.

▶ **출원서의 '발명자'란에 자연인이 아닌 인공지능 등을 기재할 수 있는지 여부에 관한 판단**

나아가 앞서 든 증거들, 갑 제3, 8호증, 을 제2호증의 각 기재에 변론 전체의 취지를 종합하여 인정되는 다음과 같은 사정들을 종합해 보면, 현행 우리 특허법령상 발명자는 '자연인'만이 해당된다고 보일 뿐이고, 따라서 출원서의 발명자로 '인공지능'만을 표시하는 것은 허용되지 않는다고 봄이 타당하다. 같은 전제에서 이루어진 이 사건 처분은 적법하고, 이와 다른 원고의 주장은 받아들이지 않는다.

1) 특허법 제33조 제1항은 '발명을 한 사람 또는 그 승계인은 이 법에서 정하는 바에 따라 특허를 받을 수 있는 권리를 가진다. 다만, 특허청 직원 및 특허심판원 직원은 상속이나 유증(遺贈)의 경우를 제외하고는 재직 중 특허를 받을 수 없다.'고 규정하여, 그 문언 그대로 발명자는 발명을 한 '사람', 즉 자연인임을 표시하고 있다. 특허법이 2014. 6. 11. 법률 제12753호로 개정되면서 이 부분 원래 '발명을 한 자(者)'로 규정되어 있었던 것을 '사람'으로 개정하였는바, 이 역시 발명자의 개념이 자연인을 전제로 하는 것임을 보다 명확히 하였던 것으로 보인다. 또한 특허법 제42조 제1항 제4호, 제203조 제1항 제4호는 특허출원서에 발명자의 '성명 및 주소'를 기재하도록 규정하고 있는데, 특허법 제42조 제1항 제1호, 제203조 제1항 제1호가 특허출원인의 경우 출원인이 법인일 경우도 예정하여 '성명 및 주소'가 아니라 '그 명칭 및 영업소 소재지'를 기재할 수 있도록 한 점과 비교해 보더라도, 위 조항의 발명자는 '성명'과 '주소'를 가질 수 있는 자연인만을 예정하고 있음이 분명하다.

2) 인공지능(Artificial Intelligence, AI)이란 인간의 인식, 판단, 추론, 문제 해결, 그 결과로서의 언어나 행동 지령, 학습 기능 등과 같은 인간의 두뇌작용을 컴퓨터를 통해 구현하는 기술로 정의된다. 인공지능은 일반적으로 약한 인공지능(Weak AI), 강한 인공지능(Strong AI)으로 분류되는데, 특정 분야에 치우치지 않고 빅데이터를 기반으로 인간처럼 스스로 사고하고 결론을 낼 수 있는 단계에 이른 인공지능을 강한 인공지능이라 하고, 특정 분야에 관한 알고리즘과 데이터, 규칙을 반복적으로 학습하여 필요한 추론을 도출해 내는 인공지능을 약한 인공지능이라 한다. 강한 인공지능은 입력된 규칙에 한정되지 않은 능동적·복합적 사고가 가능하고 알고리즘을 설계하며, 기초데이터, 규칙 없이 스

스로 데이터를 찾아 학습하고 특정 영역에 국한되지 않고 다수의 영역에서 활용된다고 한다. 반면 약한 인공지능은 논리적 사고, 논리적 행동이 가능하지만 입력된 규칙을 넘어서거나 인간과 같이 능동적·복합적 사고를 하는 것은 불가능하다고 한다. 현재까지의 기술 수준에서 인간이 개발하거나 제공한 알고리즘이나 데이터를 벗어나 스스로 결정하고 행동하는 위 강한 인공지능에 해당하는 인공지능이 등장했다고 볼 만한 자료는 없으며, 다부스 역시 강한 인공지능에 해당하는 정도는 아닌 것으로 보인다. 즉 원고는 다부스가 일반적 기본지식만을 기초로 인간의 어떠한 개입 없이 이 사건 발명행위를 독자적으로 하였다고 주장하나, 을 제2호증의 기재에 의하면 피고가 2021. 9. 6. 원고의 해외 대리인으로 알려진 소외 Abbott 박사와 화상면담을 진행하고 같은 달 20.에는 다부스의 학습방법 및 생성물 등에 대하여 추가로 확인하는 등 다부스의 기술수준에 관하여 충분히 검토하였는데, 다부스의 학습과정에 인간이 상당한 수준으로 개입하였고, 이 사건 발명 역시 다부스가 생성한 문장이나 그래프 등을 변리사가 취합하여 특허명세서에 맞게 재작성한 사실을 확인하였다.

3) 특허법 제2조 제1호는 '발명이라 함은 자연법칙을 이용한 기술적 사상의 창작으로서 고도한 것을 말한다.'고 규정하고 있다. 그런데 '기술' 자체가 아닌 '기술적 사상'이란 결국 인간의 사유를 전제로 하는 것이고, '창작' 역시 인간의 정신적 활동을 전제로 하는 것이다. 또한 발명행위는 이른바 사실행위로써, 발명행위를 하게 되면 특허법상 발명자지위가 부여되고 특허권이 발명자에게 원시적으로 귀속되므로(특허법 제33조 제1항, 소위 '발명자주의'), 발명자의 지위는 원칙적으로 권리능력이 전제가 되어야 한다. 그런데 민법에서는 '사람은 생존한 동안 권리와 의무의 주체가 된다.'고 규정하여 원칙적으로 자연인에게만 권리능력이 부여된다는 점을 명시하고 있고(제3조), 다만 제한된 범위 내에서 법인에게도 권리능력을 부여하고 있는데(제34조)1), 인공지능은 법령상 자연인과 법인 모두에 포섭되지 않으므로[민법상 '본법에서 물건이라 함은 유체물 및 전기 기타 관리할 수 있는 자연력을 말한다.'고 하여 사람과 법인을 제외한 나머지를 포괄적으로 물건으로 보고 있는바(제98조), 소프트웨어와 하드웨어가 결합하는 형태의 인공지능 역시 민법상 유체물로서 물건에 해당할 여지가 높아 보인다], 현행 법령상으로 인공지능에게 권리능력을 인정할 수도 없다(원고는 인공지능이 출원서에 '발명자'로 기재되는 것이 권리능력 등과 별개로 허용될 수 있다는 취지로 주장하나, 이는 앞서 본 바와 같은 특허법상 발명자의 개념과 상치되는 것이고, 통일적 법해석에 전혀 부합하지 않는 주장이어서 받아들이기 어렵다).

4) 나아가 원고는 인공지능을 발명자로 표시할 수 있도록 허용하는 것이 발명을 장려하고 그 이용을 도모함으로써 기술발전을 촉진하여 산업발전에 이바지하고자 하는 특허법의 목적·취지에 더 부합한다고도 주장한다. 그러나 인공지능이 발명자로 표시될 수 있다 하더라도 그로 인하여 인공지능이나 인공지능의 개발자가 더 적극적으로 발명을 할 유인이 발생한다고 볼만한 합리적 근거는

부족한 반면, 인공지능을 발명자로 인정할 경우 향후 인간 지성의 위축을 초래하여 미래 인간의 혁신에 부정적인 영향을 미칠 우려, 연구 집약적인 산업 자체가 붕괴될 우려, 발명이나 그 결과물과 관련된 법적 분쟁이 발생할 경우 인공지능의 개발자인 인간이 책임을 회피함으로써 책임 소재가 불분명해질 우려 등이 엄존하고, 소수 거대 기업 등이 강력한 인공지능을 독점함으로써 특허법이 소수의 권익만을 보호하는 수단으로 전락할 위험성도 있는바, 인공지능을 발명자로 인정하는 것이 우리 사회의 기술 및 산업발전의 도모에 궁극적으로 기여할 것이라고 단정하기도 어렵다.

▶ 인공지능이 창작한 발명에 관하여 특허권으로 보호받을 수 있는 대안을 제시하지 아니한 것이 부당한지 여부

1) 원고는 인공지능을 발명자로 표시할 수 없을 경우, 인공지능이 인간의 개입 없이 독자적으로 한 발명에 관하여 어느 누구도 적법하게 특허를 출원할 수 없는 문제가 발생할 수 있고, 이는 특허법의 목적이나 취지에도 반한다고 주장한다. 그러나 앞서 본 바와 같이 다부스 등 현 단계의 인공지능이 인간의 어떠한 개입 없이도 독자적으로 발명할 정도의 기술적 수준에 이르렀다고는 보이지 않을 뿐 아니라, 현행 법령상 인공지능을 활용하여 발명에 기여한 인간을 발명자로 표시하여 특허를 출원하는 것까지 금지된다고 보이지도 않고, 이를 영업비밀 등으로 보호하는 다른 수단도 존재하므로, 원고의 주장과 같은 문제는 현실적으로 발생할 것으로 보이지 않는다. 물론 미래에 강한 인공지능이 출현할 경우에 원고의 주장과 같은 문제가 현실화할 가능성까지 완전히 배제할 수는 없으나, 이는 기술적·정책적 판단을 거쳐 향후 제도 개선 등을 통해 해결할 과제로 보일 뿐이다.

2) 을 제2, 5호증의 각 기재에 변론 전체의 취지를 종합해 보더라도, 원고는 실제 이 사건과 유사한 시기 미국, 영국, 오스트레일리아, 독일, 남아프리카공화국 등 총 16개국의 특허관청에도 이 사건 발명의 발명자를 다부스로 표시하여 특허출원서를 제출하였으나, 남아프리카공화국을 제외한 나머지 국가들의 특허관청 모두 발명자 적격 관련 방식요건을 위반하였다는 이유로 특허거절결정을 하였고, 이에 원고가 불복하여 각 취소소송을 제기하였으나 현재까지 원고의 청구를 인용한 국가가 없다. 즉 발명자는 자연인이어야 한다는 것은 특허법상 현재까지 확립된 법리로서, 이와 같은 법리를 그대로 유지할지 또는 기술의 변화에 따라 일부 변경할 것일지는 향후 기술의 발전 및 그에 대한 사회적 논의에 따라 이루어질 일일뿐, 현재 특허법체계 내에서 피고가 이에 대한 대안 제시 없이 보정을 명하였다고 하여 이를 부당하다고 볼 수는 없다.

▶ 결론

따라서 이 사건 처분은 적법하고 원고의 이 사건 청구는 이유 없으므로, 이를 기각하기로 하여 주문과 같이 판결한다.

6. 대법원 2023. 7.13. 선고 2021두63099 판결 특허출원 무효처분 취소

▶ 보정명령 대응절차

특허법 제46조 제2호는 특허청장 등이 특허에 관한 절차가 특허법 또는 특허법에 따른 명령으로 정하는 방식을 위반한 경우 기간을 정하여 보정을 명하여야 하고 보정명령을 받은 자는 그 기간에 그 보정명령에 대한 의견서를 특허청장 등에게 제출할 수 있다고 규정하면서, 보정명령에 대한 의견서나 그 제출에 관하여는 특정한 방식을 요구하지 않고 있다. 한편 특허법 시행규칙 제13조 제1호는 특허법 제46조에 따라 보정을 하려는 자는 특허법 시행규칙 별지 제9호 서식의 보정서에 보정 내용을 증명하는 서류를 첨부하여 특허청장 등에게 제출하도록 규정하고 있으나, 이는 행정청의 편의를 위한 규정으로 보정 내용을 증명하는 서류의 제출은 엄격한 형식을 요하지 아니하는 서면행위라고 해석되고, 이러한 경우 행정청으로서는 그 서면을 가능한 한 제출자의 이익이 되도록 처리할 필요가 있다. 따라서 특허법 제46조에 따른 특허청장 등의 보정명령을 받은 사람으로부터 특허청장 등에게 보정 내용을 증명하는 서류가 제출되었을 때에는 그 표제 등의 여하를 불문하고 이를 위 보정명령에 대한 의견서 제출로 보아야 한다(대법원 1995. 11. 7. 선고 94누10261 판결, 대법원 2000. 6. 9. 선고 98두2621 판결 등 참조).

▶ 포괄위임 절차

특허에 관한 절차를 밟는 자가 대리인에게 대리권을 수여하는 데에는 일정한 방식이 요구되지 않고, 다만 그 대리권의 증명은 특허법 제7조에 따라 서면으로써 하여야 한다. 그런데 특허법 시행규칙 제5조의2 제1항은 대리인에게 현재 및 장래의 사건에 대하여 미리 사건을 특정하지 아니하고 특허에 관한 절차 진행을 포괄위임 하려는 경우에는 포괄위임등록 신청서에 대리권을 증명하는 서류인 포괄위임장을 첨부하여 특허청장에게 제출하여야 한다고 규정하므로, 이미 출원한 사건의 특허에 관한 절차 또한 포괄위임의 대상이 되고, 포괄위임등록 신청을 위해 대리권을 증명하는 서류인 포괄위임장을 특허청장에게 제출한 이상 포괄위임 대상 사건에 관한 대리권의 서면 증명은 이루어졌다고 볼 수 있다.

▶ 구체적 판단 및 결론

원고 대리인은 피고로부터 위임장을 제출하라는 취지의 이 사건 보정요구를 받은 후 보정기간 내에 피고에게 포괄위임등록을 신청하면서 포괄위임장을 제출하여 2018. 8. 7. 피고로부터 포괄위임등록을 받았다. 비록 위 포괄위임장이 이 사건 특허출원의 절차 내에서가 아니라 포괄위임등록신청 과정에서 피고에게 제출되었더라도, 이 사건 특허출원에 관한 절차는 위 포괄위임의 대상이고 이 사건 보정요구에 따른 보정 내용을 증명하는 서류의 제출은 엄격한 형식을 요하지 아니하는 서면행위로 해석되어 피고로서는 그 서면을 가능한 한 제출자의 이익이 되도록 처리할 필요가 있으므로, 이 사건 보정요구 사항인 대리권의 서면 증명에 대한 보정은 이행되었다고 보아야 한다. 한편 특허법 시행규칙 제5조의2 제3항, 제10조 제3항 제2호는 포괄위임등록을 받은 대리인의 절차상 편의를 위해 특허청장 등에게 제출하는 특허에 관한 절차 서류에 포괄위임등록번호를 기재함으로써 대리권을 증명하는 서면의 제출을 생략할 수 있도록 규정한 것일 뿐, 이를 근거로 해당 서류에 포괄위임등록번호가 기재되지 않은 경우 곧바로 대리권이 서면으로 증명되지 않았다고 해석할 수는 없다.

그럼에도 원심은, 이 사건 특허출원 절차에 포괄위임등록번호를 기재한 서류를 제출해야만 포괄위임의 효력이 발생하거나 대리권의 증명이 이루어지는데 원고가 이를 이행하지 않아 이 사건 보정요구에 응하지 않았다는 이유로 이 사건 처분에 처분사유가 존재한다고 판단하였다. 이러한 원심판결에는 특허에 관한 절차에서의 대리권 증명에 관한 법리를 오해하여 판결에 영향을 미친 잘못이 있다. 이를 지적하는 취지의 상고이유 주장은 이유 있다.

7. 대법원 2023. 7. 13. 선고 2022후10180 판결 취소결정

▶ 수치한정발명 진보성

어떠한 특허발명이 그 출원 전에 공지된 발명이 가지는 구성요소의 범위를 수치로써 한정하여 표현한 경우에는 그 특허발명에 진보성을 인정할 수 있는 다른 구성요소가 부가되어 있어서 그 특허발명에서의 수치한정이 보충적인 사항에 불과한 것이 아닌 이상, 그 특허발명이 그 기술분야에서 통상의 지식을 가진 사람(이하 '통상의 기술자'라 한다)이 통상적이고 반복적인 실험을 통하여 적절히 선택할 수 있는 정도의 단순한 수치한정으로서, 공지된 발명과 비교하여 이질적인 효과나 한정된 수치범위 내외에서 현저한 효과 차이가 생기지 않는 것이라면 진보성이 부정된다.

▶ 구체적 판단 및 결론

이 사건 특허발명의 청구범위 제1항(이하 '이 사건 제1항 발명'이라 한다)과 선행발명 1은 모두 장세척 조성물에 관한 것으로, 이 사건 제1항 발명은 선행발명 1에 개시된 폴리에틸렌글리콜과 아스코르베이트 성분을 구성요소로 하되, 폴리에틸렌글리콜과 아스코르베이트의 성분 함량 범위, 아스코르베이트 성분 중 아스코르브산과 아스코르브산나트륨의 중량비 범위를 각각 수치로써 한정한 것이다.

이 사건 제1항 발명에는 선행발명 1에 개시된 구성요소 외에 진보성을 인정할 다른 구성요소가 부가되어 있지 않다. 이 사건 제1항 발명은 선행발명 1과 구체적인 수치한정 범위에서 차이가 있지만, 그러한 사정만으로 구성이 곤란하다고 볼 수는 없다. 이 사건 제1항 발명은 복용량을 줄이면서도 우수한 장세척 효과를 얻고자 한다는 점에서 선행발명 1과 기술적 과제가 공통되고 작용효과도 질적으로 다르지 않다. 이 사건 특허발명의 명세서와 출원일 이후에 추가적으로 제출된 실험자료에 의하더라도, 이 사건 제1항 발명의 한정된 수치범위 내외에서 현저한 효과 차이가 생긴다고 보기 어렵다.

선행발명 1의 명세서 실시례 2에서 사용된 대조용액(B6)의 폴리에틸렌글리콜과 아스코르베이트의 성분 함량 비율은 선행발명 1의 해당 성분 함량 비율 범위 내에 있고, 선행발명 1의 결장세척 조성물로 만든 용액과 위 대조용액(B6)이 배출 대변량에서 통계적으로 유의한 차이를 나타낸 것도 아니므로, 위 대조용액(B6)의 해당 성분 함량 비율을 그 성분 함량의 수치범위 한정과 관련한 부정적 교시라고 할 수도 없다.

결국 이 사건 제1항 발명은, 폴리에틸렌글리콜과 아스코르베이트 성분을 포함하는 장세척 조성물에 관하여 통상의 기술자가 통상적이고 반복적인 실험을 통하여 적절히 선택할 수 있는 정도의 단순한 수치한정으로, 선행발명 1과 비교하여 이질적인 효과나 한정된 수치범위 내외에서 현저한 효과 차이가 생기지 않는 것이어서 진보성이 부정된다.

CHAPTER 02 2022년 대법원 판례

1. 대법원 2022. 8. 31. 선고 2020후11479 판결 거절결정

▶ 원출원 시 공지예외주장을 하지 않은 경우 분할출원 시 공지예외주장을 할 수 있는지 여부

다음과 같은 공지예외 및 분할출원 관련 규정의 문언과 내용, 각 제도의 취지 등에 비추어 보면, **원출원에서 공지예외주장을 하지 않았더라도 분할출원에서 적법한 절차를 준수하여 공지예외주장을 하였다면, 원출원이 자기공지일로부터 12개월 이내에 이루어진 이상 공지예외의 효과를 인정받을 수 있다고 봄이 타당**하다.

1) 특허법 제30조 제1항 제1호는 특허를 받을 수 있는 권리를 가진 자에 의하여 그 발명이 특허출원 전 국내 또는 국외에서 공지되었거나 공연히 실시되는 등으로 특허법 제29조 제1항 각 호의 어느 하나에 해당하게 된 경우[이하 '자기공지(自己公知)'라고 한다], 그날로부터 12개월 이내에 특허출원을 하면 그 특허출원된 발명에 대하여 특허발명의 신규성 또는 진보성(특허법 제29조 제1, 2항) 규정을 적용할 때 그 발명은 제29조 제1항 각 호의 공지된 발명에 해당하지 않는 것으로 본다고 하여 공지예외 규정을 두고 있다. 그리고 같은 조 제2항은 같은 조 제1항 제1호의 적용을 받고자 하는 자는 특허출원서에 그 취지를 기재하여 출원하여야 하고, 이를 증명할 수 있는 서류를 특허출원일부터 30일 이내에 특허청장에게 제출하여야 한다고 하여, 공지예외 적용을 위한 주장의 제출 시기, 증명서류 제출 기한 등 절차에 관한 규정을 두고 있다.

한편, 특허법 제52조 제2항은 적법한 분할출원이 있을 경우 원출원일에 출원한 것으로 본다는 원칙과 그 예외로서 특허법 제30조 제2항의 공지예외주장의 제출 시기, 증명서류의 제출 기간에 관하여는 분할출원일을 기준으로 한다고 정하고 있을 뿐(이는 공지예외주장의 시기 및 증명서류 제출 기한을 원출원일로 소급하여 산정하면 분할출원 시 이미 그 기한이 지나있는 경우가 많기 때문이다), 원출원에서 공지예외주장을 하지 않고 분할출원에서만 공지예외주장을 한 경우에는 분할출원일을 기준으로 공지예외주장의 요건 충족 여부를 판단하여야 한다거나 원출원에서의 공지예외주장을 분할출원에서의 공지예외주장을 통한 원출원일을 기준으로 한 공지예외의 효과 인정 요건으로 정하고 있지 않다. 결국 위 규정들의 문언상으로는 **원출원 시 공지예외주장을 하지 않았더라도 분할출원이 적법하게 이루어지면 특허법 제52조 제2항 본문에 따라 원출원일에 출원한 것으로 보게 되므로, 자기공지일로부터 12개월 이내에 원출원이 이루어지고, 분할출원일을 기준으로 공지예외주장의 절차 요건을 충족하였다면, 분할출원이 자기공지일로부터 12개월을 도과하여 이루어졌다 하더라도 공지예외의 효과가 발생하는 것으로 해석함이 타당**하다.

2) 분할출원은 특허법 제45조 제1항이 정하는 1발명 1출원주의를 만족하지 못하는 경우뿐만 아니라, 원출원 당시 청구범위에는 기재되어 있지 않으나 원출원의 최초 첨부 명세서 및 도면에 기재되어 있는 발명에 대하여 후일 권리화할 필요성이 생긴 경우 이들 발명에 대해서도 이 새로운 특허출원이 적법한 것이면 원출원과 동시에 출원한 것과 같은 효과를 인정하는 것도 허용하여 특허제도에 의해 보호될 수 있도록 하고 있다. 따라서 원출원 당시에는 청구범위가 자기공지한 내용과 무관하여 공지예외주장을 하지 않았으나, 분할출원시 청구범위가 자기공지한 내용에 포함되어 있는 경우가 있을 수 있고, 이와 같은 경우 원출원 시 공지예외주장을 하지 않았더라도 분할출원에서 공지예외주장을 하여 출원일 소급의 효력을 인정할 실질적 필요성이 있다.

3) 분할출원은 특허에 관한 절차에서 보정의 대상이 되는 어떤 절차와 관련하여 기재사항의 흠결, 구비서류의 보완 등을 목적으로 이루어지는 보정과는 별개의 제도로, 보정 가능 여부와 무관하게 특허법 제52조의 요건을 충족하면 허용되는 독립된 출원이다. 따라서 특허출원서에 공지예외주장 취지를 기재하도록 한 특허법 제30조 제2항을 형해화할 우려가 있다는 점에서 출원 시 누락한 공지예외주장을 보정의 형식으로 보완하는 것은 허용되지 않지만(대법원 2011. 6. 9. 선고 2010후2353 판결 등 참조), 이 점이 원출원 시 공지예외주장을 하지 않은 경우 분할출원에서의 공지예외주장을 허용하지 않을 근거가 된다고 보기 어렵다.

4) 위 2010후2353 판결 이후 출원인의 권리 보호를 강화하기 위하여 특허법 제30조 제3항을 신설하여(2015. 1. 28. 법률 제13096호로 개정된 것) 출원인의 단순한 실수로 출원 시 공지예외주장을 하지 않더라도 일정 기간 공지예외주장의 취지를 적은 서류나 이를 증명할 수 있는 서류를 제출할 수 있는 공지예외주장 보완 제도를 도입하였다. 그런데 특허 절차에서의 보정과 분할출원은 그 요건과 취지를 달리하는 별개의 제도라는 점에서, 원출원에서 공지예외주장을 하지 않은 경우 분할출원에서의 공지예외주장으로 원출원일을 기준으로 한 공지예외의 효과를 인정받을 수 있는지의 문제는 특허법 제30조 제3항의 신설 전후를 불문하고 일관되게 해석함이 타당하다.

5) 여기에 공지예외 규정은 특허법 제정 이후 현재에 이르기까지 그 예외 인정 사유가 확대되고, 신규성뿐만 아니라 진보성과 관련해서도 이를 적용하며, 그 기간이 6개월에서 1년으로 확대되는 등의 개정을 통해 특허제도에 미숙한 발명자를 보호하기 위한 제도를 넘어 출원인의 발명자로서의 권리를 실효적으로 보호하기 위한 제도로 자리 잡고 있다는 점까지 더하여 보면, 분할출원에서 공지예외주장을 통해 원출원일을 기준으로 한 공지예외 효과를 인정받는 것을 제한할 합리적 이유를 찾기 어렵다.

▶ **구체적 판단 및 결론**

1) 위 법리와 기록에 비추어 살펴보면, 원고는 이 사건 출원발명과 동일한 발명인 선행발명 3의 공개 이후 12개월 내인 2014. 12. 23. 이 사건 원출원을 하였고, 당시 공지예외주장을 하지는 않았지만, 분할출원 가능기간 내인 2016. 8. 30. 분할출원을 하며 절차를 준수하여 공지예외주장을 하였다. 따라서 원고가 자기 공지한 선행발명 3은 이 사건 출원발명의 신규성 및 진보성 부정의 근거가 되지 못한다고 볼 수 있다.

2) 그럼에도 원심은 원고가 분할출원 시에 공지예외주장을 하였다 하더라도 원출원 시 공지예외주장을 하지 않았으므로 이 사건 출원발명은 선행발명 3에 의하여 신규성 및 진보성이 부정된다고 보아 이와 같이 판단한 심결을 유지하였다. 이러한 원심판결에는 분할출원 및 공지예외주장에 관한 법리를 오해하여 판결에 영향을 미친 잘못이 있고, 이를 지적하는 상고이유 주장은 이유 있다.

▶ **/참고/ 심사기준 개정**

과거 심사기준에서는 원출원시 공지예외주장 하지 않았어도, 특허법 제30조 제3항 적용 가능한 최신 건은 분할출원시 공지예외주장 허용했고, 특허법 제30조 제3항 적용 불가한 과거 건은 분할출원시 공지예외주장 허용하지 않았다.

하지만 본 대법원 판례 선고 후 심사기준 개정되었으며, 지금은 분할출원시 공지예외주장 일괄 허용한다.

2. 대법원 2022. 1. 13. 선고 2021후10732 판결 등록무효

▶ **특허법 제29조 제1항 각호 지위**

특허법 제29조 제1항 제1호는 산업상 이용할 수 있는 발명이라고 하더라도 그 발명이 특허출원 전에 국내 또는 국외에서 공지되었거나 또는 공연히 실시된 발명에 해당하는 경우에는 특허를 받을 수 없도록 규정하고 있다. 여기에서 '공지되었다'고 함은 반드시 불특정다수인에게 인식되었을 필요는 없다 하더라도 적어도 불특정다수인이 인식할 수 있는 상태에 놓인 것을 의미하고(대법원 2002. 6. 14. 선고 2000후1238 판결 등 참조), '공연히 실시되었다'고 함은 발명의 내용이 비밀유지약정 등의 제한이 없는 상태에서 양도 등의 방법으로 사용되어 불특정다수인이 인식할 수 있는 상태에 놓인 것을 의미한다(대법원 2012. 4. 26. 선고 2011후4011 판결 참조).

▶ **구체적 판단 및 결론**

원고 보조참가인은 2016. 1. 22. 주식회사 엘비루셈(이하 '엘비루셈'이라고 한다)과 사이에 반도체 칩 검사기기를 장착하여 이동·회전 등을 용이하게 하는 장치인 Tester Handler(YM6401) 1대를 납품·설치하기로 하는 설비구매계약(이하 '이 사건 계약'이라 한다)을 체결하고, 그에 따라 2016. 1. 29. 엘비루셈에 **선행발명 4를 납품**하였다. 선행발명 4는 피고 인수참가인이 사실상 운영하는 주식회사 케이비엔텍이 원고 보조참가인의 의뢰에 따라 제작한 제품이다.

며칠 후 원고 보조참가인의 직원, 피고 인수참가인 등은 엘비루셈에 모여 엘비루셈 관계자들의 입회하에 **선행발명 4를 시운전**(이하 '이 사건 시운전'이라 한다)하였고, 원고 보조참가인은 시운전 당시 엘비루셈과 협의한 대로 제품 개량을 한 다음 2017. 6.경 최종 완성품을 납품하였다. 이 사건 **시운전에는 원고 보조참가인과 피고 인수참가인을 비롯하여 엘비루셈의 허락을 받은 사람들만 참석**한 것으로 보인다.

한편 선행발명 4와 관련된 '테스터기가 가변되는 칩 검사장치'라는 명칭의 이 사건 특허발명은 2016. 3. 24. 출원되어 2017. 12. 15. 특허로 등록되었고(특허번호 생략), 2020. 2. 27. 피고 인수참가인 앞으로 특허권 전부이전등록이 이루어졌다.

이 사건 계약은, '제품의 설치 완료시'를 엘비루셈이 지정한 장소에 목적물을 설치하고 엘비루셈의 입회 하에 시운전을 하여 엘비루셈이 시운전합격 확인을 하는 시점으로 정하고(제1조 제3항), 엘비루셈의 합격을 받지 못할 경우 원고 보조참가인의 책임과 비용으로 제품을 다시 제작 또는 교체하여 재검사를 받아 합격해야 하며 이로 인한 납품 및 설치 완료의 지연은 원고 보조참가인의 책임으로 하도록(제2조) 하고 있다. 또한 '**엘비루셈과 원고 보조참가인은 사전 서면 동의 없이 본 계약의 체결 및 그 이행에 관한 사항을 제3자에 누설할 수 없다**'고 규정(제13조 제1항)하고 있다.

이 사건 계약의 내용과 그 구체적 이행 과정, 당사자 사이의 관계 등을 종합하여 보면, 원고 보조참가인이 엘비루셈에 최초 납품한 선행발명 4는 시제품의 의미만을 가질 뿐이고, 이후 협의에 따른 제품 개량을 거쳐 최종 납품이 이루어졌을 때에야 비로소 이 사건 계약의 이행이 완료되었다고 볼 수 있다. 또한 엘비루셈과 원고 보조참가인은 이러한 계약 이행의 완료라는 공동 목적 하에 서로 협력하는 관계에서 **제3자에 대한 계약 이행 사항의 누설 금지 의무를 부담**하였고, 나아가 이 사건 **시운전 당시 엘비루셈에 의해 제한된 인원만 참석하는 등 실제로 비밀유지를 위한 조치가 이루어졌다고 볼 만한 정황도 엿보인다. 따라서 선행발명 4는 이 사건 특허발명 출원 전에 국내 또는 국외에서 공연히 실시된 것이 아니라고 볼 여지가 있다.**

그럼에도 원심은 원고 보조참가인과 엘비루셈 사이에 선행발명 4에 관한 비밀유지에 관한 약정을 체결하였다거나 엘비루셈에 신의칙상 비밀유지의무가 존재한다고 볼 만한 사정이 없으므로 선행발명 4는 이 사건 특허발명의 출원 전에 엘비루셈에 납품되어 그 사업장에 설치·시운전됨으로써 공연히 실시되었다는 이유에서 이 사건 특허발명의 청구항 1항 내지 4항은 선행발명 4에 의하여 신규성이 부정되어 그 특허등록이 무효로 되어야 한다고 판단하였다. 이러한 원심판결에는 공지 또는 공연 실시된 발명에 관한 법리를 오해하여 판결에 영향을 미친 잘못이 있고, 이를 지적하는 상고이유 주장은 이유 있다.

3. 대법원 2022. 1. 14. 선고 2019후11541 판결 권리범위확인

▶ 확인대상발명 해석

특허법 제135조가 규정하고 있는 권리범위 확인심판은 특허권의 효력이 미치는 범위를 대상물과의 관계에서 구체적으로 확정하는 것으로, 그 대상물은 심판청구인이 심판의 대상으로 삼은 구체적인 실시 형태인 확인대상 발명이다(대법원 1991. 3. 27. 선고 90후373 판결 등 참조).

특허권자는 업으로서 특허발명을 실시할 권리를 독점하고(특허법 제94조 제1항), 특허발명이 물건발명인 경우에는 그 물건을 생산·사용·양도·대여 또는 수입하거나 그 물건의 양도 또는 대여의 청약을 하는 행위가 물건발명의 실시이므로[특허법 제2조 제3호 (가)목], 물건발명의 특허권은 물건발명과 동일한 구성을 가진 물건이 실시되었다면 제조방법과 관계없이 그 물건에 효력이 미친다.

따라서 물건발명의 특허권자는 피심판청구인이 실시한 물건을 그 제조방법과 관계없이 확인대상 발명으로 특정하여 특허권의 권리범위에 속하는지 확인을 구할 수 있고, 이때 확인대상 발명의 설명서나 도면에 확인대상 발명의 이해를 돕기 위한 부연 설명으로 그 제조방법을 부가적으로 기재하였다고 하여 그러한 제조방법으로 제조한 물건만이 심판의 대상인 확인대상 발명이 된다고 할 수는 없다.

▶ 구체적 판단 및 결론

이 사건 특허발명(특허번호 생략)은 총 39개의 청구항으로 이루어진 '3차원 입체형상 직물 및 이의 제조방법'이라는 명칭의 발명인데, 특허권자인 피고들이 보호범위를 확인하려는 특허발명은 그중 청구범위 제1항(이하 '이 사건 제1항 발명'이라고 한다)이다. 이 사건 제1항 발명은 3차원 입체형상 직물에 관한 것으로 물건발명에 해당한다.

피고들은 원고를 상대로 '확인대상 발명의 설명서와 도면에 기재한 3차원 입체형상 직물'을 심판의 대상인 확인대상 발명으로 삼아, 확인대상 발명이 이 사건 제1항 발명의 권리범위에 속한다는 확인을 구하는 적극적 권리범위 확인심판을 청구하였다.

한편 피고들은 **확인대상 발명의 설명서에 도면 3을 참조하여 확인대상 발명의 3차원 입체형상 직물을 제직하는 방법을 설명하는 내용도 부가적으로 기재하였으나**, 이 부분은 이 사건 제1항 발명의 구성요소에 대응하는 부분이 아니라 확인대상 발명의 이해를 돕기 위해 추가한 부연 설명에 불과하고, 확인대상 발명이 그러한 부연 설명에 따른 제조방법으로 제조한 물건인지에 따라 물건발명인 이 사건 제1항 발명의 특허권 효력이 미치는지 여부가 달라지지도 않는다. 따라서 **위와 같이 부가적으로 기재한 제조방법으로 제조한 물건만이 심판의 대상인 확인대상 발명이 된다고 할 수는 없다.**

그럼에도 원심은, 위와 같이 부가적으로 기재한 제조방법으로 제조한 물건만이 심판의 대상인 확인대상 발명이라고 한정하여 파악한 다음, 원고가 생산한 제품(갑 제4호증 사진의 실물 제품)이 그와 같은 제조방법으로 제조한 제품이라는 점을 인정할 증거가 없다는 등의 이유로 원고가 확인대상 발명을 실시하고 있지 않다고 판단하였다. 이러한 원심의 판단에는 확인대상 발명의 파악에 관한 법리를 오해하고 필요한 심리를 다하지 아니하여 판결에 영향을 미친 잘못이 있다. 이를 지적하는 취지의 상고이유 주장은 이유 있다.

4. 대법원 2022. 1. 27. 선고 2019다277751 판결 특허권 침해금지 청구의 소

가. 원심판결 별지 목록 제2 내지 제5항 기재 물건 부분

▶ 중복제소금지 원칙

당사자 및 소송물이 동일한 소가 시간을 달리하여 제기된 경우 시간적으로 나중에 제기된 소는 중복제소금지의 원칙에 위배되어 부적법하다(대법원 2006. 4. 13. 선고 2003다70331 판결 등 참조).

▶ 구체적 판단 및 결론

원고는 피고를 상대로 원심판결 별지 목록(이하 '별지 목록'이라 한다) 제1 내지 4항 기재 물건에 관하여 생산, 양도 등의 금지 및 폐기를 구하는 이 사건 소를 제기하였다가 원심에 이르러 별지 목록 제5항 기재 물건에 관하여 동일한 청구를 추가하였다. 그런데 별지 목록 제5항 기재 물건은 별지 목록 제1항 기재 물건 중 일부를 제품번호로 한정한 것이어서, 위 추가된 청구는 별지 목록 제1항 기재 물건에 관한 청구와 소송물이 동일한 청구라고 볼 수 있다. 따라서, 이 부분 청구는 중복제소금지의 원칙에 위배되어 부적법하다. 원심은 같은 취지에서 원고가 원심에서 추가한 별지 목록 제5항 기재 물건에 관한 각 청구는 별지 목록 제1항 기재 물건에 관한 각 청구와 소송물이 동일하여 중복제소에 해당한다고 보아 각하하였다. 이러한 원심판결에 중복제소금지에 관한 법리를 오해하여 판결에 영향을 미친 잘못이 없다.

나. 원심판결 별지 목록 제1항 기재 물건에 관한 486 특허에 기한 청구 부분

▶ 자백의 성립

특허침해소송에서 상대방이 제조하는 제품(이하 '침해대상제품'이라 한다)이 어떤 구성요소를 가지고 있는지는 침해판단의 전제가 되는 주요사실로서 재판상 자백의 대상이 될 수 있다(대법원 2006. 8. 24. 선고 2004후905 판결 등 참조). "침해대상제품 등이 어떤 구성요소를 가지고 있다."는 표현이 사실에 대한 진술인지, 아니면 그 구성요소가 특허발명의 구성요소와 동일 또는 균등하다는 법적 판단 내지 평가에 관한 진술인지는 당사자 진술의 구체적 내용과 경위, 변론의 진행 경과 등을 종합적으로 고려하여 판단하여야 한다. 그리고 일단 재판상 자백이 성립하면 그것이 적법하게 취소되지 않는 한 법원은 이에 구속되므로 법원은 자백과 배치되는 사실을 증거에 의하여 인정할 수 없다(대법원 2018. 10. 4. 선고 2016다41869 판결 등 참조).

▶ 구체적 판단 및 결론

피고는 피고의 침해대상제품이 명칭을 "복합 구조물"로 하는 원고의 (특허번호 1 생략) 특허발명(이하 '486 특허'라 한다) 청구범위 제1항(이하 '제1항 발명'이라 한다)을 침해하지 않는다고 주장하면서도, 제1심 제1회 변론기일에서 위 특허발명 중 구성요소 B-2를 제외한 나머지 구성요소를 모두 구비하고 있다고 진술하였다. 원고가 침해대상제품에 대하여 위 특허발명의 구성요소 B-3인 "단부와 최외부 사이의 거리가 평균 막 두께의 10배 이상 10,000배 이하"를 구비하고 있는지에 관하여 감정신청을 하자 피고는 '이 부분에 관하여 다투지 않아 감정이 필요하지 않다'는 의견을 제출하여 원고의 감정신청이 철회되기도 하였다.
그런데, 피고가 원고를 상대로 486 특허의 기재불비, 신규성 및 진보성 부정 등을 주장하며 제기한 등록무효 심판청구 기각 심결에 대한 심결취소소송에서 위와 같은 무효 사유가 인정되지 않는다는 이유로 청구기각 판결이 내려지자(특허법원 2017. 5. 19. 선고 2016허4948 판결), 피고는 제1심 제9회 변론기일에서 구성요소 B-3에 관한 종전 진술을 번복하였다. 또한 피고는 침해대상제품의 구성요소 B-3 포함 여부에 관한 감정신청을 하였으나, 제10회 변론기일에서 쌍방 모두 감정신청을 하지 않아 변론이 종결되었다.
이와 같은 피고의 진술 내용 및 변론의 진행 경과에 비추어 보면, 침해대상제품이 구성요소 B-3을 구비하였다는 피고의 진술은, 위 제품의 대응구성이 구성요소 B-3과 동일 또는 균등한지 등의 법적 판단 내지 평가가 아닌, 구성요소 B-3 자체를 구비하였다는 사실에 대한 진술로서 재판상 자백이 성립하였다고 봄이 타당하다.

그럼에도 원심은, 위 2004후905 판결의 법리를 전제로 침해 물건이 특정 구성요소를 구비하였는지가 사실로서 자백의 대상이 된다고 하면서도, 이 사건에서 피고의 진술은 침해 물건의 어떤 구성요소가 이에 대응하는 특허발명의 특정 구성요소와 동일하거나 균등하다는 법적 판단 내지 평가에 해당한다고 보아 자백이 성립하지 않는다고 판단하였다. 이러한 원심판결에는 자백의 성립에 관한 법리를 오해한 잘못이 있다. 이 점을 지적하는 상고이유 주장은 이유 있다.

▶ 자백의 취소

원심은 앞서 본 바와 같이 '침해대상제품이 구성요소 B-3을 구비하였다'는 피고의 진술은 자백의 대상이 되지 않는다고 잘못 판단하고, 가정적으로 피고의 진술이 자백에 해당한다고 하더라도 피고가 그 자백이 진실에 반하고 착오에 의한 것이라는 이유로 취소하였는데, 제1심에서 이루어진 감정 결과에 의하면 그 자백이 진실에 반하고, 따라서 자백은 적법하게 취소되었다고 판단하였다.

그런데, 제1심에서 이루어진 감정은 침해대상제품이 486 특허 제1항 발명이 아닌 (특허번호 2 생략) 특허발명(이하 '395 특허'라 한다) 청구범위 제1, 3항(이하 '제1, 3항 발명'이라 한다)을 침해하는지를 대상으로 한 것이어서 침해대상제품의 평균 막 두께가 측정되지 않았다. 따라서, 위 감정 결과에서 나타난 침해대상제품의 특정 지점들의 두께 편차 범위가, 원고의 486 특허 제1항 발명 침해 주장의 근거이자 피고의 자백의 계기가 된 원고의 자체 실험 결과(갑 제8호증)에 나타난 평균 막 두께 산정의 근거가 된 두께 편차의 범위와 차이가 난다는 점만으로는 그 자백이 진실에 반하는지 여부를 알기 어렵다.

이러한 사정에 비추어 보면, 원심은 그 자백이 진실에 반하는지 여부에 관하여 필요한 심리를 다하지 않은 채 자백이 취소되었다고 판단을 하여 판결에 영향을 미친 잘못이 있다. 이점을 지적하는 상고이유 주장은 이유 있다.

▶ 권리남용 항변

특허법 제42조 제4항 제2호는 청구범위에는 발명이 명확하고 간결하게 적혀야 한다고 규정하고 있다. 그리고 특허법 제97조는 특허발명의 보호범위는 청구범위에 적혀 있는 사항에 의하여 정하여진다고 규정하고 있다(이 사건에 적용되는 2014. 6. 11. 법률 제12753호로 개정되기 전의 구 특허법에도 일부 표현은 다르지만 같은 취지로 규정되어 있다). 이는 발명의 보호범위는 청구범위에 기재된 사항에 의하여 정하여진다는 점에서(특허법 제97조) 청구항에는 명확한 기재만이 허용되는 것으로, 발명의 구성을 불명료하게 표현하는 용어는 원칙적으로 허용되지 않는다는 취지이다(대법원 2006. 11. 24. 선고 2003후2072 판결, 대법원 2014. 7. 24. 선고 2012후1613 판결 등 참조). 또한 발명이 명확하게 적혀 있는지 여부는 그 발명이 속하는 기술분야에서 통상의 지식을 가진 사람이 발명의 설명이나 도면 등의 기재와 출원 당시의 기술상식을 고려하여 청구범위에 기재된 사항으로부터 특허를 받고자 하는 발명을 명확하게 파악할 수 있는지에 따라 개별적으로 판단하여야 한다(대법원 2017. 4. 7. 선고 2014다1563 판결 등 참조).

▶ 구체적 판단 및 결론

특허 제1항 발명의 '평균 막 두께'와 '최외부'는 그 의미가 명확하고 출원 당시 기술수준에 비추어 통상의 기술자가 충분히 측정할 수 있는 것이다. 위 발명의 청구범위가 명확하지 않은 등으로 명세서 기재요건을 갖추지 못하였다고는 보기 어렵다. 그럼에도 원심은, 486 특허 제1항 발명은 '평균 막 두께'와 '최외부'의 의미가 명확하지 않아 명세서 기재요건을 위반하여 출원된 것이고, 따라서 그 특허가 무효로 되어야 할 것이므로, 이에 기한 원고의 특허권 행사는 권리남용에 해당하여 허용될 수 없다고 판단하였다. 이러한 원심판결에는 특허법 제42조 제4항 제2호의 명세서 기재요건에 관한 법리를 오해하여 판결에 영향을 미친 잘못이 있고, 이 점을 지적하는 상고이유 주장은 이유 있다.

다. 원심판결 별지 목록 제1항 기재 물건에 관한 395 특허에 기한 청구 부분

▶ 청구범위 해석

특허발명의 보호범위는 청구범위에 적혀 있는 사항에 의하여 정하여진다(특허법 제97조). 다만 청구범위에 적혀 있는 사항은 발명의 설명이나 도면 등을 참작해야 그 기술적인 의미를 정확하게 이해할 수 있으므로, 청구범위에 적혀 있는 사항은 그 문언의 일반적인 의미를 기초로 하면서도 발명의 설명과 도면 등을 참작하여 그 문언으로 표현하고자 하는 기술적 의의를 고찰한 다음 객관적·합리적으로 해석하여야 한다(대법원 2012. 12. 27. 선고 2011후3230 판결 등 참조).

▶ 구성요소완비 원칙

특허권침해소송의 상대방이 제조하는 제품 또는 사용하는 방법이 특허발명의 특허권을 침해한다고 하기 위해서는 특허발명의 청구범위에 기재된 각 구성요소와 그 구성요소 간의 유기적 결합관계가 침해대상제품 등에 그대로 포함되어 있어야 한다(대법원 2011. 9. 29. 선고 2010다65818 판결 등 참조).

▶ 구체적 판단 및 결론

원심은 판시와 같은 이유로 명칭을 "복합 구조물"로 하는 395 특허 제1, 3항의 구성요소 중 "다결정"은 계면 등에 비정질 및 파쇄되지 않는 원료 미립자 등이 존재하지 않거나 그 비율이 미미하여 구조체가 실질적으로 결정자들로만 이루어진 것이고, "결정끼리의 계면"은 결정자들 사이에 형성된 어느 정도의 폭을 가질 수 있는 영역을 의미하여 결정들 사이에 형성된 틈인 공극도 포함한다고 해석하고, 피고의 침해대상제품이 결정끼리의 계면에 유리층으로 된 입계층이 존재하지 않는 다결정질로 이루어진 것으로 단정하기 어렵다고 하여 이 사건 395 특허 제1, 3항 발명에 대한 침해를 부정하였다.

앞서 본 법리 및 기록에 비추어 살펴보면, 이러한 원심판결에 필요한 심리를 다하지 아니하고 자유심증주의의 한계를 일탈하거나 청구범위의 해석 및 특허권 침해에 관한 법리를 오해하는 등으로 판결에 영향을 미친 잘못이 없다.

5. 대법원 2022. 3. 31. 선고 2018후10923 판결 거절결정

▶ 결정형 발명의 진보성 판단기준

발명의 진보성 유무를 판단할 때에는 적어도 선행기술의 범위와 내용, 진보성 판단의 대상이 된 발명과 선행기술의 차이 및 그 발명이 속하는 기술분야에서 통상의 지식을 가진 사람(이하 '통상의 기술자'라고 한다)의 기술수준에 대하여 증거 등 기록에 나타난 자료에 기하여 파악한 다음, 통상의 기술자가 특허출원 당시의 기술수준에 비추어 진보성 판단의 대상이 된 발명이 선행기술과 차이가 있음에도 그러한 차이를 극복하고 선행기술로부터 그 발명을 쉽게 발명할 수 있는지를 살펴보아야 한다. 이 경우 진보성 판단의 대상이 된 발명의 명세서에 개시되어 있는 기술을 알고 있음을 전제로 하여 사후적으로 통상의 기술자가 그 발명을 쉽게 발명할 수 있는지를 판단하여서는 아니 된다(대법원 2009. 11. 12. 선고 2007후3660 판결, 대법원 2016. 11. 25. 선고 2014후2184 판결 등 참조).

의약화합물의 제제설계(製劑設計)를 위하여 그 화합물이 다양한 결정 형태 즉 결정다형(polymorph)을 가지는지 등을 검토하는 다형체 스크리닝(polymorph screening)은 통상 행해지는 일이다. 의약화합물 분야에서 선행발명에 공지된 화합물과 화학구조는 동일하지만 결정 형태가 다른 특정한 결정형의 화합물을 청구범위로 하는 이른바 결정형 발명의 진보성을 판단할 때에는 이러한 특수성을 고려할 필요가 있다.

하지만 그것만으로 결정형 발명의 구성의 곤란성이 부정된다고 단정할 수는 없다. 다형체 스크리닝이 통상 행해지는 실험이라는 것과 이를 통해 결정형 발명의 특정한 결정형에 쉽게 도달할 수 있는지는 별개의 문제이기 때문이다.

한편 결정형 발명과 같이 의약화합물 분야에 속하는 발명은 구성만으로 효과의 예측이 쉽지 않으므로 구성의 곤란성을 판단할 때 발명의 효과를 참작할 필요가 있고, 발명의 효과가 선행발명에 비하여 현저하다면 구성의 곤란성을 추론하는 유력한 자료가 될 수 있다(대법원 2011. 7. 14. 선고 2010후2865 판결 등에서 특별한 사정이 없는 한 효과의 현저성을 가지고 결정형 발명의 진보성을 판단한 것도 결정형 발명의 위와 같은 특성으로 인해 구성이 곤란한지 불분명한 사안에서 효과의 현저성을 중심으로 진보성을 판단한 것으로 이해할 수 있다).

결정형 발명의 구성의 곤란성을 판단할 때에는, 결정형 발명의 기술적 의의와 특유한 효과, 그 발명에서 청구한 특정한 결정형의 구조와 제조방법, 선행발명의 내용과 특징, 통상의 기술자의 기술수준과 출원 당시의 통상적인 다형체 스크리닝 방식 등을 기록에 나타난 자료에 기초하여 파악한 다음, 선행발명 화합물의 결정다형성이 알려졌거나 예상되었는지, 결정형 발명에서 청구하는 특정한 결정형에 이를 수 있다는 가르침이나 암시, 동기 등이 선행발명이나 선행기술문헌에 나타나 있는지, 결정형 발명의 특정한 결정형이 선행발명 화합물에 대한 통상적인 다형체 스크리닝을 통해 검토될 수 있는 결정다형의 범위에 포함되는지, 그 특정한 결정형이 예측할 수 없는 유리한 효과를 가지는지 등을 종합적으로 고려하여, 통상의 기술자가 선행발명으로부터 결정형 발명의 구성을 쉽게 도출할 수 있는지를 살펴보아야 한다.

결정형 발명의 효과가 선행발명 화합물의 효과와 질적으로 다르거나 양적으로 현저한 차이가 있는 경우에는 진보성이 부정되지 않는다(대법원 2011. 7. 14. 선고 2010후2865 판결 등 참조).

결정형 발명의 효과의 현저성은 그 발명의 명세서에 기재되어 통상의 기술자가 인식하거나 추론할 수 있는 효과를 중심으로 판단하여야 하고, 만일 그 효과가 의심스러울 때에는 그 기재 내용의 범위를 넘지 않는 한도에서 출원일 이후에 추가적인 실험 자료를 제출하는 등의 방법으로 그 효과를 구체적으로 주장·증명하는 것이 허용된다(대법원 2021. 4. 8. 선고 2019후10609 판결 등 참조).

6. 대법원 2022. 11. 17. 선고 2019후11268 판결 등록무효

▶ 무권리자 출원 취급

특허법 제33조 제1항 본문은 발명을 한 사람 또는 그 승계인은 특허법에서 정하는 바에 따라 특허를 받을 수 있는 권리를 가진다고 규정하고, 제133조 제1항 제2호는 제33조 제1항 본문의 규정에 의한 특허를 받을 수 있는 권리를 가지지 아니한 사람(이하 '무권리자'라고 한다)이 출원하여 특허받은 경우를 특허무효사유의 하나로 규정하고 있다.

▶ 무권리자 출원여부 증명책임

무권리자의 출원을 무효사유로 한 특허무효심판 및 그에 따른 심결취소소송에서 위와 같은 무효사유에 관한 증명책임은 무효라고 주장하는 당사자에게 있다.

▶ 발명자 요건

한편 특허법 제2조 제1호는 '발명'이란 자연법칙을 이용하여 기술적 사상을 고도로 창작한 것을 말한다고 규정하고 있으므로, 특허법 제33조 제1항에서 정하고 있는 '발명을 한 자'는 바로 이러한 발명행위를 한 사람을 가리킨다.

▶ 구체적 판단 및 결론

명칭을 "롤 코팅장치"로 하는 원고의 이 사건 특허발명(특허번호 생략)은 그 출원일 이전에 ○○○○ 제작소에서 공동특허권자인 미래나노텍 주식회사(이하 '미래나노텍'이라고 한다)에 제공한 선행발명 2와 실질적으로 동일하다고 볼 여지가 있다. 그러나 이 사건 특허발명은 종래의 마스터 롤 방식의 문제점을 해결하기 위해 마스터 시트 방식의 마스터부와 3세트의 도료 공급부를 도입한 것을 기술적 특징으로 하는데, 원고가 미래나노텍으로부터 선행발명 2를 제공받았다 하더라도 그 전에 마스터 시트 방식의 마스터부를 포함한 롤 코팅장치를 자체적으로 완성한 반면, 원고가 이 사건 특허발명의 출원 전 선행발명 2를 지득하였다고 단정할 만한 증거는 부족하다.
이러한 사정을 종합하여 보면, 심판청구인인 피고가 제출한 자료만으로는 원고가 선행발명 1 또는 2를 모방하여 정당한 권한 없이 무단으로 이 사건 특허발명을 출원하였다는 점이 증명되었다고 보기 어렵다.
원심은 판시와 같은 이유로 원고가 선행발명 1, 2를 모방하여 정당한 권한 없이 무단으로 이 사건 특허발명을 출원하였다고 단정하기 어렵고, 달리 이를 인정할 증거가 없다고 판단하였다. 이러한 원심 판단에는 상고이유 주장과 같이 필요한 심리를 다하지 아니한 채 논리와 경험의 법칙을 위반하여 자유심증주의의 한계를 벗어나거나 무권리자 출원의 증명책임에 관한 법리를 오해하는 등으로 판결에 영향을 미친 잘못이 없다.

▶ 신규성, 진보성 – 선행발명 1, 2 의 공연실시 여부

원심은 판시와 같은 이유로 선행발명 1, 2는 이 사건 특허발명의 출원일인 2006. 9. 21. 전에 국내에서 공지되었거나 공연히 실시되었다고 보기 어려우므로 이 사건 특허발명은 선행발명 1 또는 선행발명 2에 의하여 신규성 및 진보성이 부정되지 않고, 출원일 전에 국내에서 공지된 선행발명 3에 의해서도 신규성 및 진보성이 부정되지 않는다고 판단하였다.
관련 법리와 기록에 비추어 살펴보면, 위와 같은 원심의 판단에 상고이유 주장과 같이 필요한 심리를 다하지 아니하고 자유심증주의의 한계를 일탈하거나, 문서의 진정성립, 계약 당사자 사이의 비밀유지의무의 존부, 신규성 및 진보성 판단에 관한 법리를 오해하는 등으로 판결에 영향을 미친 잘못이 없다.

▶ 정리

특허발명이 출원 전 실시 중인 선행발명 2 와 실질적으로 동일하나, 특허권자는 선행발명 2 제공 전 자체적으로 발명을 완성한 것으로 보이고, 선행발명 2는 공연실시라 볼 수 없어, 특허발명은 제33조 제1항 본문 및 신규성 등의 무효사유가 없다고 본 사례.

7. 대법원 2022. 10. 14. 선고 2022다223358 판결 침해금지청구의 소

▶ 권리범위 판단기준

특허권침해소송의 상대방이 제조하는 제품 또는 사용하는 방법 등(이하 '침해제품 등'이라고 한다)이 특허권을 침해한다고 하기 위해서는 특허발명의 청구범위에 기재된 각 구성요소와 그 구성요소 간의 유기적 결합관계가 침해제품 등에 그대로 포함되어 있어야 한다. 침해제품 등에 특허발명의 청구범위에 기재된 구성 중 변경된 부분이 있는 경우에도, 특허발명과 과제해결원리가 동일하고, 특허발명에서와 실질적으로 동일한 작용효과를 나타내며, 그와 같이 변경하는 것이 그 발명이 속하는 기술분야에서 통상의 지식을 가진 사람 누구나 쉽게 생각해 낼 수 있는

정도라면, 특별한 사정이 없는 한 침해제품 등은 특허발명의 청구범위에 기재된 구성과 균등한 것으로서 여전히 특허권을 침해한다고 보아야 한다(대법원 2019. 1. 31. 선고 2017후424 판결, 대법원 2020. 4. 29. 선고 2016후2546 판결 등 참조).

8. 대법원 2022. 9. 7. 선고 2021다280835 판결 손해배상

▶ 균등범위 요건

(1) 침해제품 등과 특허발명의 과제해결원리가 동일한지 여부를 가릴 때에는 청구범위에 기재된 구성의 일부를 형식적으로 추출할 것이 아니라, 명세서에 적힌 발명의 설명의 기재와 출원 당시의 공지기술 등을 참작하여 선행기술과 대비하여 볼 때 특허발명에 특유한 해결수단이 기초하고 있는 기술사상의 핵심이 무엇인가를 실질적으로 탐구하여 판단하여야 한다(대법원 2019. 1. 31. 선고 2017후424 판결, 대법원 2020. 4. 29. 선고 2016후2546 판결 등 참조).

(2) 작용효과가 실질적으로 동일한지 여부는 선행기술에서 해결되지 않았던 기술과제로서 특허발명이 해결한 과제를 침해제품 등도 해결하는지를 중심으로 판단하여야 한다. 따라서 발명의 설명의 기재와 출원 당시의 공지기술 등을 참작하여 파악되는 특허발명에 특유한 해결수단이 기초하고 있는 기술사상의 핵심이 침해제품 등에서도 구현되어 있다면 작용효과가 실질적으로 동일하다고 보는 것이 원칙이다. 그러나 위와 같은 기술사상의 핵심이 특허발명의 출원 당시에 이미 공지되었거나 그와 다름없는 것에 불과한 경우에는 이러한 기술사상의 핵심이 특허발명에 특유하다고 볼 수 없고, 특허발명이 선행기술에서 해결되지 않았던 기술과제를 해결하였다고 말할 수도 없다. 이러한 때에는 특허발명의 기술사상의 핵심이 침해제품 등에서 구현되어 있는지를 가지고 작용효과가 실질적으로 동일한지 여부를 판단할 수 없고, 균등 여부가 문제되는 구성요소의 개별적 기능이나 역할 등을 비교하여 판단하여야 한다(대법원 2019. 1. 31. 선고 2018다267252 판결, 대법원 2019. 2. 14. 선고 2015후2327 판결 등 참조).

2021년 대법원 판례

1. 진보성 판단방법

대법원 2021. 12. 10. 선고 2018후11728 판결

발명의 진보성 유무를 판단할 때에는 선행기술의 범위와 내용, 진보성 판단의 대상이 된 발명과 선행기술의 차이, 그 발명이 속하는 기술분야에서 통상의 지식을 가진 사람(이하 '통상의 기술자'라고 한다)의 기술수준에 대하여 증거 등 기록에 나타난 자료에 기초하여 파악한 다음, 통상의 기술자가 특허출원 당시의 기술수준에 비추어 진보성 판단의 대상이 된 발명이 선행기술과 차이가 있는데도 그러한 차이를 극복하고 선행기술로부터 쉽게 발명할 수 있는지를 살펴보아야 한다. 이 경우 진보성 판단의 대상이 된 발명의 명세서에 개시되어 있는 기술을 알고 있음을 전제로 사후적으로 통상의 기술자가 쉽게 발명할 수 있는지를 판단해서는 안 된다.

대법원 2021. 4. 8. 선고 2019후11756 판결

특허발명의 청구범위에 기재된 청구항이 복수의 구성요소로 되어 있는 경우에는 각 구성요소가 유기적으로 결합한 전체로서의 기술사상이 진보성 판단의 대상이 되는 것이지 각 구성요소가 독립하여 진보성 판단의 대상이 되는 것은 아니므로, 그 특허발명의 진보성을 판단할 때에는 청구항에 기재된 복수의 구성을 분해한 후 각각 분해된 개별 구성요소들이 공지된 것인지 여부만을 따져서는 아니 되고, 특유의 과제 해결원리에 기초하여 유기적으로 결합된 전체로서의 구성의 곤란성을 따져 보아야 하며, 이때 결합된 전체 구성으로서의 발명이 갖는 특유한 효과도 함께 고려하여야 한다.

2. PBP 청구항 권리범위 해석

대법원 2021. 1. 28. 선고 2020후11059 판결

특허법 제2조 제3호는 발명을 '물건의 발명', '방법의 발명', '물건을 생산하는 방법의 발명'으로 구분하고 있는바, 청구범위가 전체적으로 물건으로 기재되어 있으면서 그 제조방법의 기재를 포함하고 있는 발명(이하 '제조방법이 기재된 물건발명'이라고 한다)의 경우 제조방법이 기재되어 있다고 하더라도 발명의 대상은 그 제조방법이 아니라 최종적으로 얻어지는 물건 자체이므로 위와 같은 발명의 유형 중 '물건의 발명'에 해당한다. 물건의 발명에 관한 청구범위는 발명의 대상인 물건의 구성을 특정하는 방식으로 기재되어야 하므로, 물건의 발명의 청구범위에 기재된 제조방법은 최종 생산물인 물건의 구조나 성질 등을 특정하는 하나의 수단으로서 그 의미를 가질 뿐이다. 따라서 제조방법이 기재된 물건발명의 권리범위에 속하는지 여부를 판단함에 있어서 그 기술적 구성을 제조방법 자체로 한정하여 파악할 것이 아니라 제조방법의 기재를 포함하여 청구범위의 모든 기재에 의하여 특정되는 구조나 성질 등을 가지는 물건으로 파악하여 확인대상 발명과 대비해야 한다.

3. 민사소송 사실심 변론종결 후 정정청구 심결 확정된 경우

대법원 2021. 1. 14. 선고 2017다231829 판결

1. 정정 전 명세서 등을 기초로 판단한 원심의 당부에 관하여

특허권자가 특허무효심판절차 내에서 정정청구를 하여 특허권 침해를 원인으로 하는 민사소송의 사실심 변론종결 이후에 위 정정청구에 대한 심결이 확정되더라도, 정정 전 명세서 등으로 판단한 원심판결에 민사소송법 제451조 제1항 제8호의 재심사유가 있다고 볼 수 없다.

따라서 원심 변론종결 후 "셀프 플라즈마 챔버의 오염 방지 장치 및 방법"이라는 이름의 이 사건 특허발명(특허번호 생략)에 대한 특허무효심판절차에서 정정청구에 대한 심결이 확정되었더라도, 상고심은 정정 전 명세서 등을 기초로 원심판결의 권리범위 속부 등에 대한 판단의 법리오해 여부를 판단하여야 한다.

2. 상고이유 제1, 2점에 관하여

특허발명의 보호범위는 청구범위에 기재된 사항에 의하여 정하여지는 것이 원칙이고, 다만 그 기재만으로 특허발명의 기술적 구성을 알 수 없거나 알 수는 있더라도 기술적 범위를 확정할 수 없는 경우에는 명세서의 다른 기재에 의한 보충을 할 수는 있으나, 그 경우에도 명세서의 다른 기재에 의하여 청구범위의 확장 해석은 허용되지 아니함은 물론 청구범위의 기재만으로 기술적 범위가 명백한 경우에는 명세서의 다른 기재에 의하여 청구범위의 기재를 제한 해석할 수 없다.

원심은, 이 사건 특허발명의 명세서에서 전자기장 발생부에 대한 차단벽의 상대 위치를 한정하고 있지 않은 이상 전자기장 발생부가 차단벽보다 공간적으로 앞서 위치하는 것이라고 제한하여 해석될 수는 없고, 이 사건 특허발명 명세서의 도면에 도시된 내용은 하나의 실시예에 불과하므로 이는 청구범위의 기재를 제한하여 해석할 수 있는 근거가 될 수 없다고 판단한 다음, 위와 같은 청구범위 해석을 전제로 원심 판시 피고 실시 제품이 이 사건 특허발명 청구범위 제1

항 내지 제5항의 권리범위에 속한다고 판단하였다. 원심판결 이유를 관련 법리와 기록에 비추어 살펴보면, 원심의 이유 설시에 일부 부적절한 부분이 있지만 원심의 판단에 청구범위 해석과 권리범위 속부 판단에 관한 법리를 오해하는 등으로 판결에 영향을 미친 잘못이 없다.

3. 상고이유 제3점에 관하여

구 특허법(2009. 1. 30. 법률 제9381호로 개정되기 전의 것, 이하 같다) 제42조 제3항은 발명의 상세한 설명에는 그 발명이 속하는 기술분야에서 통상의 지식을 가진 자(이하 '통상의 기술자'라고 한다)가 그 발명을 쉽게 실시할 수 있도록 지식경제부령이 정하는 기재방법에 따라 명확하고 상세하게 기재하여야 한다고 규정하고 있다. 이는 특허출원된 발명의 내용을 제3자가 명세서만으로 쉽게 알 수 있도록 공개하여 특허권으로 보호받고자 하는 기술적 내용과 범위를 명확하게 하기 위한 것이므로, 위 조항에서 요구하는 명세서 기재의 정도는 통상의 기술자가 출원 시의 기술 수준으로 보아 과도한 실험이나 특수한 지식을 부가하지 않고서도 명세서의 기재에 의하여 해당 발명을 정확하게 이해할 수 있고 동시에 재현할 수 있는 정도를 말한다.

4. 조약우선권 주장 인정 범위

대법원 2021. 2. 25. 선고 2019후10265 판결

이 사건 특허발명이 출원될 당시 적용되던 2001. 2. 3. 법률 제6411호로 개정되기 전의 구 특허법(이하 '2001년 개정 전 특허법'이라고 한다) 제54조에 따라「공업소유권의 보호를 위한 파리협약(Paris Convention for the Protection of Industrial Property)」의 당사국에 특허출원을 한 후 동일한 발명을 대한민국에 특허출원하여 우선권을 주장하는 때에는, 진보성 등의 특허요건에 관한 규정을 적용할 때 그 당사국에 출원한 날(이하 '우선권 주장일'이라고 한다)을 대한민국에 특허출원한 날로 보게 된다. 그런데 이와 같은 조약우선권 제도에 의하여 대한민국에 특허를 출원한 날보다 앞서 우선권 주장일에 특허출원된 것으로 보아 그 특허요건을 심사하게 되면, 우선권 주장일과 우선권 주장을 수반하는 특허출원일 사이에 특허출원을 한 사람 등 제3자의 이익을 부당하게 침해할 우려가 있다. 따라서 특허법 제55조 제1항의 국내우선권 규정의 경우와 같이, 2001년 개정 전 특허법 제54조 제1항에 따라 특허요건 적용의 기준일이 우선권 주장일로 소급하는 발명은, 조약우선권 주장을 수반하는 특허출원된 발명 가운데 조약우선권 주장의 기초가 된 특허출원서에 최초로 첨부된 명세서 또는 도면(이하 '우선권 주장의 기초가 된 선출원의 최초 명세서 등'이라고 한다)에 기재된 사항의 범위 안에 있는 것으로 한정된다고 봄이 타당하다.

여기서 '우선권 주장의 기초가 된 선출원의 최초 명세서 등에 기재된 사항'이란, 우선권 주장의 기초가 된 선출원의 최초 명세서 등에 명시적으로 기재되어 있는 사항이거나 또는 명시적인 기재가 없더라도 그 발명이 속하는 기술 분야에서 통상의 지식을 가진 사람이라면 우선권 주장일 당시의 기술상식에 비추어 보아 우선권 주장을 수반하는 특허출원된 발명이 선출원의 최초 명세서 등에 기재되어 있는 것과 마찬가지라고 이해할 수 있는 사항이어야 한다.

5. 제42조 제3항 제1호

대법원 2021. 4. 29. 선고 2017후1854 판결

약리효과의 기재가 요구되는 의약의 용도발명에서는 그 출원 전에 명세서 기재의 약리효과를 나타내는 약리기전이 명확히 밝혀진 경우와 같은 특별한 사정이 없다면 특정 물질에 그와 같은 약리효과가 있다는 것을 약리데이터 등이 나타난 시험례로 기재하거나 또는 이에 대신할 수 있을 정도로 구체적으로 기재하여야만 명세서의 기재요건을 충족하였다고 볼 수 있다.

6. 침해소송 문언범위 판단

대법원 2021. 6. 30. 선고 2021다217011 판결

특허발명의 보호범위는 청구범위에 적혀 있는 사항에 의하여 정하여진다(특허법 제97조). 다만 청구범위에 적혀 있는 사항은 발명의 설명이나 도면 등을 참작해야 그 기술적인 의미를 정확하게 이해할 수 있으므로, 청구범위에 적혀 있는 사항은 그 문언의 일반적인 의미를 기초로 하면서도 발명의 설명과 도면 등을 참작하여 그 문언으로 표현하고자 하는 기술적 의의를 고찰한 다음 객관적·합리적으로 해석하여야 한다. 그러나 발명의 설명과 도면 등을 참작하더라도 발명의 설명이나 도면 등 다른 기재에 따라 청구범위를 제한하거나 확장하여 해석하는 것은 허용되지 않는다.

한편 특허권침해소송의 상대방이 제조하는 제품 또는 사용하는 방법(이하 '침해대상제품 등'이라 한다)이 특허발명의 특허권을 침해한다고 하기 위하여는 특허발명의 청구범위에 기재된 각 구성요소와 그 구성요소 간의 유기적 결합관계가 침해대상제품 등에 그대로 포함되어 있어야 한다.

7. 침해소송 균등범위 판단

대법원 2021. 3. 11. 선고 2019다237302 판결

특허권침해소송의 상대방이 제조하는 제품 또는 사용하는 방법 등(이하 '침해제품 등'이라고 한다)이 특허권을 침해한다고 하기 위해서는 특허발명의 청구범위에 기재된 각 구성요소와 그 구성요소 간의 유기적 결합관계가 침해제품 등에 그대로 포함되어 있어야 한다. 침해제품 등에 특허발명의 청구범위에 기재된 구성 중 변경된 부분이 있는 경우에도, 특허발명과 과제 해결원리가 동일하고, 특허발명에서와 실질적으로 동일한 작용효과를 나타내며, 그와 같이 변경하는 것이 그 발명이 속하는 기술분야에서 통상의 지식을 가진 사람 누구나 쉽게 생각해 낼 수 있는 정도라면, 특별한 사정이 없는 한 침해제품 등은 특허발명의 청구범위에 기재된 구성과 균등한 것으로서 여전히 특허권을 침해한다고 보아야 한다.

여기에서 침해제품 등과 특허발명의 과제 해결원리가 동일한지 여부를 가릴 때에는 청구범위에 기재된 구성의 일부를 형식적으로 추출할 것이 아니라, 명세서에 적힌 발명의 설명의 기재와 출원 당시의 공지기술 등을 참작하여 선행기술과 대비하여 볼 때 특허발명에 특유한 해결수단이 기초하고 있는 기술사상의 핵심이 무엇인가를 실질적으로 탐구하여 판단하여야 한다.

작용효과가 실질적으로 동일한지 여부는 선행기술에서 해결되지 않았던 기술과제로서 특허발명이 해결한 과제를 침해제품 등도 해결하는지를 중심으로 판단하여야 한다. 따라서 발명의 설명의 기재와 출원 당시의 공지기술 등을 참작하여 파악되는 특허발명에 특유한 해결수단이 기초하고 있는 기술사상의 핵심이 침해제품 등에서도 구현되어 있다면 작용효과가 실질적으로 동일하다고 보는 것이 원칙이다. 그러나 위와 같은 기술사상의 핵심이 특허발명의 출원 당시에 이미 공지되었거나 그와 다름없는 것에 불과한 경우에는 이러한 기술사상의 핵심이 특허발명에 특유하다고 볼 수 없고, 특허발명이 선행기술에서 해결되지 않았던 기술과제를 해결하였다고 말할 수도 없다. 이러한 때에는 특허발명의 기술사상의 핵심이 침해제품 등에서 구현되어 있는지를 가지고 작용효과가 실질적으로 동일한지 여부를 판단할 수 없고, 균등 여부가 문제되는 구성요소의 개별적 기능이나 역할 등을 비교하여 판단하여야 한다.

이 사건 특허발명의 발명의 설명에는 이 사건 제1항 발명과 관련하여, '손잡이를 한 손으로 파지한 상태에서 로터리식 작동부를 엄지 손가락만을 이용하여 조작할 수 있으므로, 조작성과 사용상의 편의성을 향상시킬 수 있다. 또한, 슬라이딩부의 이동을 제어하는 핀 부재가 손잡이의 상면 측에 형성되어 있고, 손잡이가 조리용기에 결합된 상태에서 그 핀 부재의 상면이 로터리식 회전부에 형성된 반구형 돌출부에 의해 가려져 있게 되므로, 손잡이를 조리용기에 결합한 상태에서, 사용자의 부주의 등으로 인하여 핀 부재를 가압하는 일이 전혀 없게 되고, 이에 따라 종래에 빈번하게 발생되었던 안전사고를 예방한다'라고 기재되어 있다.

그러나 위와 같이 발명의 설명에서 파악되는 '로터리식 작동부를 조작하여 슬라이딩판을 전·후방으로 이동시키는 기술사상'과 '상면으로 형성된 버튼을 통해 누름부재 또는 핀 부재를 상·하 유동시켜 슬라이딩판의 전·후방 이동을 제어하며, 실수에 의한 버튼 가압을 방지하는 기술사상'은 이 사건 제1항 발명의 출원 당시에 공지된 공개특허공보(일본국특허청)(을 제11호증), (공개번호 1 생략) 공개실용신안공보(갑 제30호증), (공개번호 2 생략) 공개실용신안공보(갑 제31호증) 등에 나타나 있다.

그렇다면 위와 같은 기술사상이 이 사건 제1항 발명에 특유하다고 볼 수 없고, 이 사건 제1항 발명이 선행기술에서 해결되지 않았던 기술과제를 해결하였다고 말할 수도 없으므로, 작용효과가 실질적으로 동일한지 여부는 위 기술사상을 구현하는지를 기준으로 삼을 수는 없고, 차이점 1, 2의 각 대응 구성요소들의 개별적인 기능이나 역할 등을 비교하여 결정하여야 한다.

먼저 차이점 2에 관하여 보면, 이 사건 제1항 발명은 '상·하부부재 및 슬라이딩판을 관통하여 설치된 핀 부재'로 인해 로터리식 작동부를 회전시키더라도 핀 부재가 해제되지 않는 한 손잡이가 조리용기에서 분리되지 않는 반면, 제2 피고 실시제품은 걸림편이 슬라이딩편으로부터 상부로 경사지게 절곡되어 일체로 형성되어 있기 때문에 손잡이를 부착할 때의 반대 방향으로 레버를 회전시키는 것만으로도 레버와 호형 견인로드로 연결되어 있는 슬라이드편이 전진하여 걸림편이 상부부재 내면에 형성된 스토퍼에 걸림으로써 손잡이와 조리용구가 약간 분리되었다가, 이 상태에서 레버 중앙에 설치된 버튼을 눌러 직접 걸림편을 누르면 걸림편이 스토퍼에서 해제되며 완전 분리상태에 이른다는 점에서 작용효과에 차이가 있다.

또한, 이 사건 제1항 발명의 핀 부재가 별도의 탄성부재인 제2 탄성 스프링에 의해 지지되어 상·하 유동하는 반면, 제2 피고 실시제품의 걸림편은 그 자체가 탄성을 가지는데, 선행발명 1에 나사 결합에 의해 록킹판과 일체화되어 자체 탄성력에 의해 걸림·해제 동작을 수행하는 탄동걸림편의 구성이 개시되어 있더라도, 핀 부재를 걸림편으로 변경할 경우, 이 사건 제1항 발명의 버튼과 슬라이드편의 상대적인 이동관계뿐만아니라 연결 구성들의 배열 관계를 대폭적으로 변경하여야 하고, 이 사건 제1항 발명에는 핀 부재를 걸림편으로 변경할 암시와 동기가 제시되어 있지도 않다. 이러한 점에서 이 사건 제1항 발명의 '상·하부부재 및 슬라이딩판을 관통하여 설치된 핀 부재와 제2 탄성 스프링'의 구성을 제2 피고 실시제품의 '걸림편'으로 쉽게 변경할 수 있다고 보기 어렵다.

따라서 제2 피고 실시제품은 이 사건 제1항 발명의 '상·하부부재와 슬라이딩판을 관통하여 설치된 핀 부재 및 제2 탄성 스프링'과 균등한 요소를 포함하고 있지 않으므로 이 사건 제1항 발명을 침해한다고 할 수 없다.

8. 권리범위확인심판 문언범위 판단

대법원 2021. 2. 25. 선고 2019후11152 판결

특허발명과 대비되는 확인대상 발명이 특허발명의 권리범위에 속한다고 하기 위해서는 특허발명의 청구범위에 기재된 각 구성요소와 그 구성요소 간의 유기적 결합관계가 확인대상 발명에 그대로 포함되어 있어야 한다.

9. 일사부재리

대법원 2021. 6. 3. 선고 2021후10077 판결

일사부재리 원칙에 관한 특허법 제163조는 "이 법에 따른 심판의 심결이 확정되었을 때에는 그 사건에 대해서는 누구든지 동일 사실 및 동일 증거에 의하여 다시 심판을 청구할 수 없다. 다만, 확정된 심결이 각하심결인 경우에는 그러하지 아니하다."라고 규정하고 있다. 따라서, 확정된 심결이 심판 청구의 적법요건을 갖추지 못하여 각하된 심결인 경우에는 특허법 제163조 단서에 따라 일사부재리의 효력이 없다.

다음과 같은 점을 고려하면, 위 단서 규정은 새로 제출된 증거가 선행 확정 심결을 번복할 수 있을 만큼 유력한 증거인지에 관한 심리·판단이 이루어진 후 선행 확정 심결과 동일 증거에 의한 심판청구라는 이유로 각하된 심결인 경우에도 동일하게 적용된다고 보아야 한다.

종래 심판청구의 적법요건을 갖추지 못해 각하된 심결이 확정된 경우에 일사부재리의 효력이 있는지에 관하여 견해대립이 있었으나, 2001. 2. 3. 법률 제6411호로 일부 개정된 특허법에서 위 단서 규정을 신설함으로써, 각하심결에 대하여는 일사부재리의 효력이 없음을 명확히 하였다.

특허법 제163조의 '동일 증거'라 함은 전에 확정된 심결의 증거와 동일한 증거만이 아니라 그 심결을 번복할 수 있을 정도로 유력하지 않은 증거가 부가되는 것도 포함한다. 이에 따라, 후행 심판에서 새로 제출된 증거가 확정된 심결의 증거와 동일 증거인지 판단하기 위해서는 선행 확정 심결을 번복할 수 있을지를 심리·판단하게 되고, 그 과정에서 본안에 관한 판단이 선행되는 것과 같은 결과가 발생하기도 한다. 하지만, 일사부재리 원칙은 심판청구의 적법요건일 뿐이어서, 위와 같은 경우라도 일사부재리 원칙을 위반하여 심판청구가 부적법하다고 한 각하심결을 본안에 관한 실체심리가 이루어진 기각심결과 동일하게 취급하는 것은 문언의 가능한 해석 범위를 넘어선다.

심판청구의 남용을 막고, 모순·저촉되는 복수의 심결이 발생하는 것을 방지하고자 하는 일사부재리 제도의 취지를 고려하더라도, 심판청구권 보장 역시 중요한 가치인 점, 현행 특허법 제163조는 일사부재리 효력이 제3자에게까지 미치도록 하고 있다는 점에서 특허법 제163조 단서의 예외를 인정하여 그 적용 범위를 확대하는 것은 정당화되기 어렵다.

그럼에도 원심은 일사부재리 원칙 위반을 이유로 각하된 확정 심결에서 동일 증거에 의한 심판청구인지가 문제되어 진보성 부정 여부에 관하여 실체 판단이 이루어진 경우에는 그 각하심결을 일사부재리 효력을 가지는 확정 심결로 볼 수 있다고 보아, 이 사건 심판청구는 그 확정 심결의 일사부재리 효력에 따라 부적법하다고 판단하였다. 이러한 원심판결에는 일사부재리 원칙에 관한 법리를 오해하여 판결에 영향을 미친 잘못이 있고, 이를 지적하는 상고이유 주장은 이유 있다.

그러므로 나머지 상고이유에 대한 판단을 생략한 채 원심판결을 파기하고, 사건을 다시 심리·판단하게 하기 위하여 원심법원에 환송하기로 하여, 관여 대법관의 일치된 의견으로 주문과 같이 판결한다.

10. 확대된 선원 판단방법

대법원 2021. 9. 16. 선고 2017후2369 판결

특허출원한 발명이 그보다 먼저 출원된 다른 발명의 특허출원서에 최초로 첨부된 명세서에 기재된 청구범위나 발명의 설명 또는 도면의 내용과 동일성이 인정될 경우에는 먼저 출원된 발명이 나중에 공개된 경우에도 특허를 받을 수 없다.

구 특허법(2006. 3. 3. 법률 제7871호로 개정되기 전의 것, 이하 같다) 제29조 제3항에서 말하는 발명의 동일성은 발명의 진보성과는 구별되는 것으로서 두 발명의 기술적 구성이 동일한지 여부에 따르되 발명의 효과도 참작해서 판단해야 한다. 두 발명의 기술적 구성에 차이가 있더라도 그 차이가 과제해결을 위한 구체적 수단에서 주지관용기술의 부가·삭제·변경 등에 지나지 않아 새로운 효과가 발생하지 않는 정도의 미세한 차이가 있을 뿐이라면 두 발명은 서로 실질적으로 동일하다고 할 수 있다. 그러나 두 발명의 기술적 구성의 차이가 위와 같은 정도를 벗어난다면 설령 그 차이가 그 발명이 속하는 기술분야에서 통상의 지식을 가진 사람(이하 '통상의 기술자'라 한다)이 용이하게 도출할 수 있는 범위 내라고 하더라도 두 발명이 동일하다고 할 수 없다.

11. 확정된 취소판결의 기속력 범위

대법원 2021. 1. 14. 선고 2017후1830 판결

명칭을 '금속판재의 절개홈 이격장치'로 하는 이 사건 특허발명(특허번호 생략)에 관한 무효심판사건에서, 특허심판원은 그 무효심판절차 내에서의 2015. 9. 3.자

정정청구를 적법한 것으로 인정하면서 이 사건 특허발명의 청구범위 제1항(2015. 9. 3.자로 정정청구된 것, 이하 '이 사건 제1항 정정발명'이라 하고, 나머지 청구항도 같은 방식으로 표시한다), 제3항 내지 제5항이 모두 진보성이 부정되지 않는다는 이유로 무효심판청구를 기각하는 심결을 하였다(이하 '이 사건 원심결'이라 한다).

이 사건 원심결에 대한 심결취소소송에서 특허법원은, 이 사건 원심결 중 이 사건 제1항 정정발명에 관한 부분은 위법하고 이 사건 제3항 내지 제5항 정정발명에 관한 부분은 적법하다고 판단하였다. 다만, 특허무효심판절차에서의 정정청구는 특별한 사정이 없는 한 불가분의 관계에 있어 일체로서 허용 여부를 판단하여야 하고, 이 사건 정정청구는 이 사건 제1항 정정발명뿐만 아니라 그 종속항인 이 사건 제3항 내지 제5항 정정발명에도 모두 걸쳐 있는 것이어서, 이 사건 원심결 중 이 사건 제3항 내지 제5항 정정발명의 특허무효 여부에 관한 부분도 따로 확정되지 못한 채 이 사건 정정청구에 관한 부분과 함께 취소되어야 한다는 이유로 이 사건 제3항 내지 제5항 정정발명에 관한 부분까지 포함하여 이 사건 원심결을 전부 취소하였다(특허법원 2016. 6. 17. 선고 2015허8226 판결). 이에 대한 피고의 상고가 기각됨으로써 위 판결은 확정되었다(이하 위 특허법원 판결을 '확정된 취소판결'이라 한다).

<u>심결을 취소하는 판결이 확정된 경우, 그 취소의 기본이 된 이유는 그 사건에 대하여 특허심판원을 기속하는 것이고, 이 경우의 기속력은 취소의 이유가 된 심결의 사실상 및 법률상 판단이 정당하지 않다는 점에서 발생한다.</u>

위 법리에 비추어 이 사건에서 확정된 취소판결의 기속력이 미치는 범위에 관하여 본다. 확정된 취소판결은 정정청구가 이 사건 제1항 정정발명뿐만 아니라 이 사건 제3항 내지 제5항 정정발명에도 모두 걸쳐 있다는 이유로 이 사건 제3항 내지 제5항 정정발명에 관한 부분까지 포함하여 이 사건 원심결을 전부 취소하기는 하였으나, 취소의 기본이 된 이유는 이 사건 제1항 정정발명에 관한 원심결의 위법성 부분이라고 할 것이다. 따라서 확정된 취소판결의 기속력은 이 사건 제1항 정정발명에 관한 원심결의 사실상 및 법률상 판단이 정당하지 않다는 점에서 발생한다.

원심은 판시와 같은 이유로, 이 사건 제3항 정정발명은 그 기술분야에서 통상의 지식을 가진 사람이 선행발명 5, 7의 결합 등에 의하여 쉽게 발명할 수 있다고 보기 어려워 진보성이 부정되지 않는다고 판단하고, 이를 전제로 이 사건 제3항 정정발명에 대하여 진보성이 부정되지 않는다고 판단한 이 사건 심결은 확정된 취소판결의 기속력에 따른 것이어서 적법하다고 판단하였다.

원심판결 이유를 관련 법리와 기록에 비추어 살펴보면, 취소판결의 기속력과 관련된 원심의 이유 설시에 일부 부적절한 부분이 있지만 원심의 위와 같은 판단에 청구범위해석 및 진보성 판단에 관한 법리를 오해하거나 선행발명의 내용에 관한 사실을 오인하고 필요한 심리를 다하지 않은 등으로 판결에 영향을 미친 잘못이 없다.

12. 선택발명 진보성

대법원 2021. 4. 8. 선고 2019후10609 판결

가. 특허발명의 진보성 판단기준

발명의 진보성 유무를 판단할 때에는 선행기술의 범위와 내용, 진보성 판단의 대상이 된 발명과 선행기술의 차이, 그 발명이 속하는 기술분야에서 통상의 지식을 가진 사람(이하 '통상의 기술자'라고 한다)의 기술수준에 대하여 증거 등 기록에 나타난 자료에 기초하여 파악한 다음, 통상의 기술자가 특허출원 당시의 기술수준에 비추어 진보성 판단의 대상이 된 발명이 선행기술과 차이가 있는데도 그러한 차이를 극복하고 선행기술로부터 쉽게 발명할 수 있는지를 살펴보아야 한다. 특허발명의 청구범위에 기재된 청구항이 복수의 구성요소로 되어 있는 경우에는 각 구성요소가 유기적으로 결합한 전체로서의 기술사상이 진보성 판단의 대상이 되는 것이지 각 구성요소가 독립하여 진보성 판단의 대상이 되는 것은 아니므로, 그 특허발명의 진보성을 판단할 때에는 청구항에 기재된 복수의 구성을 분해한 후 각각 분해된 개별 구성요소들이 공지된 것인지 여부만을 따져서는 아니 되고, 특유의 과제 해결원리에 기초하여 유기적으로 결합된 전체로서의 구성의 곤란성을 따져 보아야 하며, 이 때 결합된 전체 구성으로서의 발명이 갖는 특유한 효과도 함께 고려하여야 한다.

나. 특허발명의 상위개념이 공지된 경우

위와 같은 진보성 판단기준은 선행 또는 공지의 발명에 상위개념이 기재되어 있고 위 상위개념에 포함되는 하위개념만을 구성요소의 전부 또는 일부로 하는 특허발명의 진보성을 판단할 때에도 마찬가지로 적용되어야 한다.

선행발명에 특허발명의 상위개념이 공지되어 있는 경우에도 구성의 곤란성이 인정되면 진보성이 부정되지 않는다. 선행발명에 발명을 이루는 구성요소 중 일부를 두 개 이상의 치환기로 하나 이상 선택할 수 있도록 기재하는 이른바 마쿠쉬(Markush) 형식으로 기재된 화학식과 그 치환기의 범위 내에 이론상 포함되기만 할 뿐 구체적으로 개시되지 않은 화합물을 청구범위로 하는 특허발명의 경우에도 진보성 판단을 위하여 구성의 곤란성을 따져보아야 한다. 위와 같은 특허발명의 구성의 곤란성을 판단할 때에는 선행발명에 마쿠쉬 형식 등으로 기재된 화학식과 그 치환기의 범위 내에 이론상 포함될 수 있는 화합물의 개수, 통상의 기술자가 선행발명에 마쿠쉬 형식 등으로 기재된 화합물 중에서 특정한 화합물이나 특정 치환기를 우선적으로 또는 쉽게 선택할 사정이나 동기 또는 암시의 유무, 선행발명에 구체적으로 기재된 화합물과 특허발명의 구조적 유사성 등을 종합적으로 고려하여야 한다(대법원 2009. 10. 15. 선고 2008후736, 743 판결 등은 '이른바 선택발명의 진보성이 부정되지 않기 위해서는 선택발명에 포함되는 하위개념들 모두가 선행발명이 갖는 효과와 질적으로 다른 효과를 갖고 있거나, 질적인 차이가 없더라도 양적으로 현저한 차이가 있어야 하고, 이때 선택발명의 발명의 상세한 설명에는 선행발명에 비하여 위와 같은 효과가 있음을 명확히 기재하여야 한다'고 판시하였다. 이는 구성의 곤란성이 인정되기 어려운 사안에서 효과의 현저성이 있다면 진보성이 부정되지 않는다는 취지이므로, 선행발명에 특허발명의 상위개념이 공지되어 있다는 이유만으로 구성의 곤란성을 따져 보지도 아니한 채 효과의 현저성 유무만으로 진보성을 판단하여서는 아니 된다).

특허발명의 진보성을 판단할 때에는 그 발명이 갖는 특유한 효과도 함께 고려하여야 한다. 선행발명에 이론적으로 포함되는 수많은 화합물 중 특정한 화합물을 선택할 동기나 암시 등이 선행발명에 개시되어 있지 않은 경우에도 그것이 아무런 기술적 의의가 없는 임의의 선택에 불과한 경우라면 그와 같은 선택에 어려움이 있다고 볼 수 없는데, 발명의 효과는 선택의 동기가 없어 구성이 곤란한 경우인지 임의의 선택에 불과한 경우인지를 구별할 수 있는 중요한 표지가 될 수 있기 때문이다. 또한 화학, 의약 등의 기술분야에 속하는 발명은 구성만으로 효과의 예측이 쉽지 않으므로, 선행발명으로부터 특허발명의 구성요소들이 쉽게 도출되는지를 판단할 때 발명의 효과를 참작할 필요가 있고, 발명의 효과가 선행발명에 비하여 현저하다면 구성의 곤란성을 추론하는 유력한 자료가 될 것이다. 나아가 구성의 곤란성 여부의 판단이 불분명한 경우라고 하더라도, 특허발명이 선행발명에 비하여 이질적이거나 양적으로 현저한 효과를 가지고 있다면 진보성이 부정되지 않는다. 효과의 현저성은 특허발명의 명세서에 기재되어 통상의 기술자가 인식하거나 추론할 수 있는 효과를 중심으로 판단하여야 하고, 만일 그 효과가 의심스러울 때에는 그 기재내용의 범위를 넘지 않는 한도에서 출원일 이후에 추가적인 실험 자료를 제출하는 등의 방법으로 그 효과를 구체적으로 주장·증명하는 것이 허용된다.

13. 내재된 속성 관련 신규성 판단

대법원 2021. 12. 30. 선고 2017후1304 판결

물건의 발명에서 이와 동일한 발명이 그 출원 전에 공지되었거나 공연히 실시되었음이 인정되면 그 발명의 신규성은 부정된다. 특허발명에서 구성요소로 특정된 물건의 구성이나 속성이 선행발명에 명시적으로 개시되어 있지 않은 경우라도 선행발명에 개시된 물건이 특허발명과 동일한 구성이나 속성을 갖는다는 점이 인정된다면, 이는 선행발명에 내재된 구성 또는 속성으로 볼 수 있다. 이와 같은 경우 특허발명이 해당 구성 또는 속성으로 인한 물질의 새로운 용도를 특허의 대상으로 한다는 등의 특별한 사정이 없는 한 공지된 물건에 원래부터 존재하였던 내재된 구성 또는 속성을 발견한 것에 불과하므로 신규성이 부정된다. 이는 그 발명이 속하는 기술분야에서 통상의 지식을 가진 사람(이하 '통상의 기술자'라고 한다)이 출원 당시에 그 구성이나 속성을 인식할 수 없었던 경우에도 마찬가지이다. 또한 공지된 물건의 내재된 구성 또는 속성을 파악하기 위하여 출원일 이후 공지된 자료를 증거로 사용할 수 있다.

한편, 선행발명에 개시된 물건이 특허발명과 동일한 구성 또는 속성을 가질 수도 있다는 가능성 또는 개연성만으로는 두 발명을 동일하다고 할 수 없고, 필연적으로 그와 같은 구성 또는 속성을 가진다는 점이 증명되어야 한다. 즉, 선행발명이 공지된 물건 그 자체일 경우에는 그 물건과 특허발명의 구성을 대비하여 양 발명이 동일한지 판단할 수 있으나, 선행발명이 특정 제조방법에 의해 제작된 물건에 관한 공지된 문헌인 경우, 선행발명에 개시된 물건은 선행발명에 개시된 제조방법에 따라 제조된 물건이므로, 선행발명에 개시된 제조방법에 따랐을 경우 우연한 결과일 수도 있는 한 실시례가 위와 같은 구성 또는 속성을 가진다는 점을 넘어 그 결과물이 필연적으로 해당 구성 또는 속성을 가진다는 점이 증명되어야 선행발명과 특허발명이 동일하다고 할 수 있다.

14. 파라미터 발명 특허요건 판단

대법원 2021. 12. 30. 선고 2017후1298 판결
▶ 파라미터 발명 쉽게 실시 기재요건

특허법 제42조 제3항 제1호는 발명의 설명은 그 발명이 속하는 기술분야에서 통상의 지식을 가진 사람(이하 '통상의 기술자'라고 한다)이 그 발명을 쉽게 실시할 수 있도록 명확하고 상세하게 적어야 한다고 규정하고 있다(이 사건에 적용되는 2014. 6. 11. 법률 제12753호로 개정되기 전의 구 특허법에도 일부 표현은 다르지만 동일한 취지로 규정되어 있다). 이는 특허출원된 발명의 내용을 제3자가 명세서만으로 쉽게 알 수 있도록 공개하여 특허권으로 보호받고자 하는 기술적 내용과 범위를 명확하게 하기 위한 것이다. 물건의 발명의 경우 그 발명의 '실시'란 그 물건을 생산, 사용하는 등의 행위를 말하므로, 물건의 발명에서 통상의 기술자가 특허출원 당시의 기술수준으로 보아 과도한 실험이나 특수한 지식을 부가하지 않고서도 발명의 설명에 기재된 사항에 의하여 물건 자체를 생산하고 이를 사용할 수 있고, 구체적인 실험 등으로 증명이 되어 있지 않더라도 통상의 기술자가 발명의 효과의 발생을 충분히 예측할 수 있다면, 위 조항에서 정한 기재요건을 충족한다고 볼 수 있다(대법원 2011. 10. 13. 선고 2010후2582 판결, 대법원 2016. 5. 26. 선고 2014후2061 판결 등 참조).

▶ 파라미터 발명 신규성

새롭게 창출한 물리적, 화학적, 생물학적 특성 값을 이용하거나 복수의 변수 사이의 상관관계를 이용하여 발명의 구성요소를 특정한 이른바 '파라미터 발명'과 이와 다른 성질 또는 특성 등에 의해 물건 또는 방법을 특정하고 있는 선행발명을 대비할 때, 특허발명의 청구범위에 기재된 성질 또는 특성이 다른 정의 또는 시험·측정방법에 의한 것으로 환산이 가능하여 환산해 본 결과 선행발명의 대응되는 것과 동일하거나 또는 특허발명의 명세서의 상세한 설명에 기재된 실시형태와 선행발명의 구체적 실시형태가 동일한 경우에는, 달리 특별한 사정이 없는 한 양 발명은 발명에 대한 기술적인 표현만 달리할 뿐 실질적으로는 동일한 것으로 보아야 할 것이므로, 이러한 특허발명은 신규성이 부정된다. 반면, 위와 같은 방법 등을 통하여 양 발명이 실질적으로 동일하다는 점이 증명되지 않으면, 신규성이 부정된다고 할 수 없다.

▶ 파라미터 발명 진보성

파라미터 발명이 공지된 발명과 파라미터에 의해 한정된 구성에서만 차이가 있는 경우, 발명의 명세서 기재 및 출원 당시 통상의 기술자의 기술 수준을 종합하여 보았을 때 파라미터가 공지된 발명과는 상이한 과제를 해결하기 위한 기술수단으로서의 의의를 가지고, 그로 인해 특유한 효과를 갖는다고 인정되는 경우에는 진보성이 부정되지 않는다.

한편, 파라미터의 도입 자체에 대하여는 위와 같은 기술적 의의를 인정할 수 없더라도 발명이 새롭게 도입한 파라미터를 수치로 한정하는 형태를 취하고 있는 경우에는, 한정된 수치범위 내외에서 현저한 효과의 차이가 생기거나, 그 수치한정이 공지된 발명과는 상이한 과제를 달성하기 위한 기술수단으로서의 의의를 가지고 그 효과도 이질적인 경우라면, 진보성이 부정되지 않는다(대법원 2010. 8. 19. 선고 2008후4998 판결 등 참조).

PART 03

주요 심사기준 정리

/ 개정 2023. 3. 22. 특허청 예규 제131호 심사기준 참고 사례 /

2020년 심사기준 개정내용 요지

2020. 1. : 2019.7.9. 시행 개정 특허법 시행령 반영(우선심사사유 개정) 심사기준 개정
2020. 8. : 심사관 회피, 임시명세서 제출 허용, 존속기간연장등록출원에 관한 심사기준 개정
2020. 12. : 파라미터 발명의 기재요건에 관한 심사기준 개정(통상의 기술자가 파라미터의 측정방법을 명확히 이해할 수 없는 경우에는 파라미터로 표현된 청구범위가 불명확한 것으로 판단하여 거절이유를 통지할 수 있도록 함; '업으로서 실시 중'을 이유로 우선심사를 신청한 경우 출원인과 실시자 간의 실시계약이 있는 경우에 한하여 실시자를 실시의 주체로 인정하고 있는데, 출원인이 실시기업(실시자)의 대표인 경우에는 실시계약을 입증하는 별도의 서류를 제출하지 않아도 실시기업을 실시의 주체로 인정하도록 심사기준 개정

2021년 심사기준 개정내용 요지

1. 발명자 심사강화
진정한 발명자 확인을 방식심사 대상으로 명확화, 진정한 발명자가 아닌 자가 발명자로 기재된 것으로 의심되는 출원에 대해 보정명령 후 정정·입증 없으면 출원무효처분

2. 조약우선권주장 주체적요건 판단기준
조약우선권주장 출원에서 선·후출원인의 동일성 판단기준 명확화, 선·후출원인이 상호 동일하지 않은 경우 보정명령으로 양도증명 요구, 구체적으로 조약우선권주장 출원에서 선·후출원인 동일성을 판단할 때, 후출원인에 선출원인 이외 출원인이 추가되는 경우는 출원인의 동일성을 인정하고, 후출원인에 선출원인의 일부가 누락되는 경우는 양도에 대한 입증을 요구할 수 있도록 함

3. 명세서 기재불비
발명의 효과 유무에 합리적 의심이 드는 경우 효과입증을 요구하는 거절이유를 통지하고, 입증이 안된 경우 거절결정, 발명의 효과 입증시 거짓자료를 제시할 경우 거짓행위의 죄에 해당될 수 있음을 의견제출통지서 등에 기재

4. 불특허발명
인체 안전성이 의심되는 경우 특허법 제32조 판단을 위해 식약처에 문의 가능

5. 성립성
   비과학적인 행위, 비상식적 효과 발명은 자연법칙 위배 발명으로 취급

6. 선택발명(최신 판례 반영)
   선택발명의 진보성 판단시에도 구성의 곤란성 검토

7. 직권보정(최신 개정법 반영)
   직권보정은 신규사항 추가할 수 없고 신규사항을 추가하거나 명백히 잘못되지 않은 사항을 직권보정하면 처음부터 없었던 것으로 봄

8. 수수료 반환(최신 개정법 반영)
   선행기술 조사업무 결과통지가 있은 후 출원을 취하·포기하는 경우에도 심사착수 전이면 심사청구료 전액 반환, 협의결과 신고기간 또는 최초 거절이유통지 후 의견서 제출기간 만료 전 출원을 취하·포기하는 경우 심사청구료 1/3 반환

9. 우선심사 사유 추가(최신 개정법 반영)
   우선심사 사유에 재난의 예방·대응·복구의 필요성이 인정되는 경우, 반도체 등 국민경제 및 국가경쟁력 강화에 중요한 첨단기술과 관련된 특허출원(특허청장이 우선심사의 구체적인 대상과 신청 기간을 정하여 공고하는 특허출원으로 한정)를 추가

2023년 심사기준 개정내용 요지

1. 분리출원 제도 신설(최신 개정법 반영)

2. 재심사 대상 확대(최신 개정법 반영)
   재심사 대상에 종래 거절결정된 출원에 더하여 특허결정된 출원을 추가하도록 재심사 청구 대상 확대

3. 미생물 기탁제도 개선, 서열목록 제출방식 변경(최신 개정법 반영)
   특허청과 미생물 기탁기관 간에 온라인 정보공유가 가능함에 따라 국내 소재지 국내·국제기탁기관에 미생물 기탁한 경우 증명서류 제출되지 않아도 보정명령하지 않, WIPO 에서 합의된 서열목록의 국제표준 전환에 따라 서열목록 제출 방법 개정
   (기존) 서열목록을 명세서에 기재 및 전자파일 제출 → 전자파일만 제출

4. 우선심사사유 추가(최신 개정법 반영)
   '반도체 등 첨담기술 관련 출원'을 우선심사 대상에 추가

5. 설정등록된 출원 공지시점(최신 판례 반영)
   설정등록된 출원의 공지시점은 등록원부 생성시점 이후라고 판시한 판례 반영

6. 분할출원 공지예외주장 인정(최신 판례 반영)

원출원에서 공지예외주장하지 않아도 분할출원에서 공지예외주장 인정할 수 있다고 판시한 판례 반영, 판례의 취지를 살펴볼 때 분할출원만이 아니라 분리출원, 변경출원 및 국내우선권주장출원에도 적용 가능

1. 특허에 관한 절차

▶ **무능력자의 행위능력**

무능력자는 법정대리인에 의해서만 특허에 관한 절차를 밟을 수 있다. 다만 특허법 제3조 제1항 단서에서는 미성년자와 피한정후견인이 독립하여 법률행위를 할 수 있는 경우는 그러하지 아니하다고 하여 미성년자 및 피한정후견인이 법정대리인에 의하지 아니하고 직접 특허에 관한 절차를 밟을 수 있는 경우를 규정하고 있다. 무능력자가 독립하여 법률행위를 할 수 있는 경우로서 권리만 얻거나 의무만 면하는 행위(민법 제5조 제1항), 처분이 허락된 재산의 처분행위(민법 제6조), 영업의 허락을 받은 경우 그 영업에 관한 행위(민법 제8조 제1항), 대리행위(민법 제117조), 유언행위(민법 제1062조), 무한책임 사원으로서 한 행위(상법 제7조) 등이 있다.

무능력자는 특허법 규정에 따라 누구라도 할 수 있는 심사청구 및 정보제공 등의 특허에 관한 절차라도 법정대리인을 통하여 밟아야 한다.

미성년자 등 행위 무능력자가 특허에 관한 절차를 밟은 사실이 방식심사 과정에서 확인된 경우 특허청장 명의로 특허법 제46조에 따라 기간을 정하여 보정을 요구하고 지정된 기간 이내에 보정된 당사자 또는 법정대리인이 추인하지 않는 경우에는 그 특허에 관한 절차를 무효로 한다.

▶ **법정대리인 대리권**

법정대리인이 사망하거나 또는 대리권을 상실한 때에는 절차는 중단된다.

법정대리인이 본인을 대리하여 특허에 관한 절차를 밟는 경우 임의대리인과는 달리 특별수권을 얻지 아니하여도 특허법 제6조 규정에 의한특별수권사항에 대한 대리행위를 할 수 있도록 하고 있다. 다만 법정대리인이라 하더라도 친권자와 후견인은 구분하고 있는데, 특허법 제3조 규정에 의한 법정대리인 중 친권자는 특별수권사항은 물론 심판 또는 재심을 포함한 모든 특허에 관한 절차를 밟는데 후견감독인의 동의 없이도 절차를 밟을 수 있으나, 후견인인 경우에는 상대방이 청구한 심판 또는 재심에 대한 절차 등 상대방의 청구에 대한 수동적인 절차에 한하여 후견감독인의 동의 없이 절차를 밟을 수 있지만 심판 또는 재심

에 대한 청구는 물론 특허를 받을 수 있는 권리나 특허권의 득실 변경 등을 목적으로 하는 행위는 모두 후견감독인의 동의를 얻어야 한다.

▶ **특허관리인 선임하지 않은 경우 취급**

재외자가 특허관리인을 선임하지 않고 특허에 관한 절차를 밟은 경우에는 특허법 제5조 및 특허법시행규칙 제11조에 따라 기간을 정하여 소명기회를 부여한 후 관련 서류를 반려한다. 이 경우 특허관리인을 선임하는 등의 보정으로 흠결을 해소하는 것은 허용되지 않는다.

그러나 재외자가 국제특허출원을 하는 경우에는 특허법 제5조 제1항의 규정에도 불구하고 기준일까지는 대리인에 의하지 아니하고 출원번역문의 제출 등 특허 또는 실용신안등록에 관한 절차를 밟을 수 있다. 이 경우 기준일 경과 후 2월 이내에 대리인을 선임하여 특허청장에게 신고하여야 하며, 기간 내에 선임신고가 없는 경우 그 국제특허출원은 취하된 것으로 본다.

▶ **특허관리인 존재하지 않는 경우 서류송달**

재외자의 특허관리인이 사망·해임 및 기타의 사유에 의하여 존재하지 아니하게 된 경우에는 신속히 본인(재외자)에게 관리인 선임절차를 밟도록 연락한다. 이 경우 새로운 관리인이 선임되기 전까지는 서류를 항공등기우편으로 직접 본인에게 발송할 수 있되, ① 상기발송한 날에 송달된 것으로 본다는 취지, ② 종전의 특허관리인이 사망하였기 때문에 특허법 제5조 제1항의 규정에 의하여 관리인을 선임하고 그 신고를 하여야 한다는 취지 및 ③ 이후의 절차는 특허관리인에 의하여 행하여야 한다는 취지의 주의서(외국어로 번역한 서면 포함)를 첨부할 수 있다.

▶ **재내자와 재외자가 공동으로 출원한 경우**

재내자와 재외자가 공동으로 출원한 경우 특허법 제11조 제1항의 각 호에 규정된 절차를 제외하고 재내자는 단독으로 특허에 관한 절차를 밟을 수 있으나, 재외자는 특허관리인을 선임하지 않고서는 특허에 관한 절차를 밟을 수 없다.

특허법 제11조 제1항의 각 호의 어느 하나에 해당하는 특허에 관한 절차에 관하여는 재내자는 재외자가 선정한 특허관리인과 공동으로 그 절차를 밟아야 한다.

▶ **특허관리인의 대리권 범위**

재외자의 특허관리인은 수여된 범위 안에서 특허에 관한 모든 절차 및 특허법 또는 특허법에 의한 명령에 의하여 행정청이 한 처분에 관한 소송에 대하여 본인을 대리한다. 다만 특허관리인도 위임 범위에서만 특허에 관한 절차를 수행할 수 있으므로 통상의 위임에 의한 대리인과 마찬가지로 출원의 취하 또는 심판청구 취하 등의 특별수권 사항에 대해서는 특별히 위임을 받아야 그 행위를 할 수 있다.

▶ 포괄위임제도 의의

포괄위임제도는 특허에 관한 절차를 대리인에 의하여 밟는 경우에 있어서 현재 및 장래의 사건에 대하여 미리 사건을 특정하지 아니하고 포괄하여 위임하는 제도이다.

▶ 개별대리

심사관의 거절이유통지에 대하여 수인의 대리인이 각각 보정서를 제출하였다면 그 보정서 모두는 일단 적법하게 제출된 것이다.

▶ 복수당사자의 절차

대표자라도 특허법 제11조 제1항 각 호의 사항에 대해서는 복수 당사자의 특별수권 없이 절차를 밟을 수 없다. 따라서 대표자가 특별수권 없이 이들 절차를 밟은 경우 특허청장은 보정을 요구하고 흠결을 해소하지 못한 경우 그 절차를 무효로 한다.

복수의 당사자 중 일부만 대리인을 선임한 경우 그 대리인은 전원을 대표하여 특허에 관한 절차를 밟을 수 있되, 특허법 제11조 제1항 각 호에 규정된 절차에 관하여는 다른 당사자와 공동으로 밟아야 한다.

▶ 기간의 계산

특허에 관한 절차에 있어서 기간의 말일이 공휴일인 경우에는 기간은 그 다음날로 만료한다. 여기서 주의할 점은 다음날로 만료되는 기간은 특허에 관한 절차와 관련된 법정기간이나 지정기간이라는 점이다. 즉 특허에 관한 절차가 아닌 법정기간이나 지정기간은 특허법 제14조 제4호의 적용을 받지 않는다. 예를 들어 국내우선권주장에 있어서 선출원의 취하로 보는 시점, 특허권의 존속기간의 만료일 등은 기간의 말일이 공휴일이라 하더라도 기간의 말일이 그 다음날로 연장되지는 않는다.

기간의 기산일이 공휴일인 경우 그 기간은 공휴일부터 시작된다.

▶ **기간의 연장 및 단축**

법정기간은 특허법 제132조의17 의 규정에 의한 심판의 청구기간에 한하여 연장할 수 있으나, 지정기간은 연장 대상에 제한이 없다. 또한 법정기간은 단축할 수 없으나 지정기간은 당사자의 청구에 따라 단축할 수 있다.

▶ **전산장애의 경우 기간 만료일**

전자문서를 제출하려는 자가 기한 전에 정보통신망을 이용하여 전자문서를 발송하였으나 전산장애로 인하여 기한 내에 제출되지 않은 경우, 기간은 그 장애가 제거된 날의 다음날로 만료한다. 전산장애란 정보통신망의 장애, 특허청이 사용하는 컴퓨터 또는 관련 장치의 장애를 말한다. 다만 특허청장이 사전에 공지한 경우에는 장애로 보지 않는다.

▶ **무효처분의 주체 및 대상**

특허에 관한 절차의 무효처분 주체는 특허청장 또는 특허심판원장이며 심사관이 될 수 없다. 무효처분의 대상은 출원절차에 국한되는 것이 아니며 특허에 관한 절차이면 모두 해당된다.

▶ **출원이 방식심사에서 무효처분된 경우**

출원이 무효된 경우 특허법 제36조 제1항 내지 제3항을 적용함에 있어서는 처음부터 출원이 없었던 것으로 보며, 그 출원의 출원서에 최초로 첨부된 명세서 또는 도면에 기재된 발명을 기초로 국내우선권주장출원을 할 수 없다. 또한 출원이 무효로 된 경우 그에 따른 보상금청구권은 처음부터 발생하지 아니한 것으로 본다.

▶ **무효처분의 취소**

특허청장은 특허에 관한 절차가 무효로 된 경우에도 그 기간을 지키지 못한 것이 정당한 사유에 의한 것으로 인정될 때에는 그 사유가 소멸된 날부터 2개월 이내에 청구에 의하여 그 무효처분을 취소할 수 있다. 다만 그 기간의 만료일부터 1년이 경과한 후에는 무효처분을 취소할 수 없다. 여기서 정당한 사유란 일반인이 상당한 주의를 다하여도 피할 수 없는 사유로서 천재·지변 기타 불가피한 사유가 해당됨은 물론이며, 심사 실무에서 무효처분의 서류를 당사자가 아닌 자에게 송달한 경우를 포함한다. 또한 응급상황의 질병으로 입원하여 기간을 경과하거나, 특허료 자동납부 시스템 오류 등이 발생하여 출원무효가 된 경우가 있을 수 있다. 이때 공시송달 사실을 몰랐다는 이유는 특별한 사유가 없는 한 정당한 사유에 포함되지 않는다.

사례 예시	종전	개정
지진·태풍 등 천재지변으로 의견서·보정서를 제출하지 못한 경우	인정	인정
재외자가 항공우편을 송달받지 못한 상태에서 심경확정(2007허3257)	인정	인정
대리인이 심경등본을 전달하지 않아 심결취소소송의 제소기간 경과 (2006허978)	불인정	불인정
(입원 등) 응급상황의 질병으로 대리인을 짖어하지 못한 상태로 병원에 입원하여 심사청구 기간이 경과한 경우	불인정	인정가능
(자동납부 시스템 오류) 출원인의 거래 은행에서 운영하는 연차등록료 자동납부 시스템의 고장으로 연차등록료가 출원인 계좌로부터 인출되지 않음	불인정	인정가능

▶ **서류의 반려시점**

특허청장 또는 특허심판원장은 반려 요청을 받은 때에는 즉시 출원서류 등을 반려하여야 한다. 출원인 등이 소명기간 이내에 소명서 또는 반려요청서를 제출하지 아니하거나 제출한 소명의 내용이 이유 없다고 인정되는 경우에는 소명기간이 종료된 후 즉시 출원서류 등을 반려하여야 한다.

▶ **반려사유와 절차무효사유의 차이점**

소명기간 중 출원인 등은 반려이유 통지에 대한 소명이나 의견을 제출할 수 있으나, 반려이유를 극복하기 위한 보정서의 제출은 허용되지 않는다.

▶ **출원의 방식심사사유와 실질심사사유(=거절이유)의 구분**

형식적인 문제를 벗어나 외국인이 권리능력을 가지는가 또는 출원인이 특허를 받을 수 있는가(공동발명의 경우) 등의 실질적인 사항에 관한 것은 곧바로 수리하지 아니하는 처분을 할 수는 없고, 일단 수리한 다음 심사관으로 하여금 실질적인 심사를 하게 하여야 한다.

▶ **절차의 정지 의의**

특허에 관한 출원, 청구 또는 기타 절차가 특허청 또는 특허심판원에 계속 중 그 절차가 종료되기 전에 법률상 진행되지 않는 상태를 말하며 특허법상 절차의 정지에 관하여는 절차의 중단과 절차의 중지로 구별하여 규정하고 있다.

▶ 절차의 중단 의의

절차의 중단은 당사자에게 절차를 수행할 수 없는 사유가 발생했을 경우에 새로운 절차의 수행자가 나타나 절차를 수행할 수 있을 때까지 법률상 당연히 절차의 진행이 정지되는 것을 말한다.

▶ 절차의 중지 의의

절차의 중지는 특허청의 입장에서 절차를 속행할 수 없는 장애가 생겼거나 당사자에게 절차를 계속 진행하는데 부적당한 사유가 발생하여 법률상 당연히 또는 특허청의 결정에 의하여 절차가 정지되는 것을 말한다.

▶ 절차의 중단

특허에 관한 절차의 중단은 특허청이나 절차를 밟는 당사자의 의사와 관계없이 법정사유에 의해서 발생한다. 절차가 중단된 경우 적법 수계자는 수계신청을 하여야 한다. 한편 중단사유가 있는 경우라도 절차를 밟을 것을 위임받은 대리인이 있는 경우에는 절차는 중단되지 않는다.

▶ 절차의 중단을 간과한 경우

절차의 중단 사유가 있음에도 이를 간과하고 심사의 절차를 계속하여 각종 처분을 한 경우에는 그 절차는 취소하고 다시 절차를 밟아야 한다.
(예) 대리인이 없는 출원인이 사망하였으나 이를 알지 못하고 심사관이 거절이유를 통지한 후 거절 결정한 경우, 거절이유통지에 따른 의견서 제출에 관한 절차는 특허법 제20조의 규정에 따라 특허청 또는 출원인의 상속인 등이 별도의 조치를 하지 않더라도 당연히 중단되므로 거절결정은 위법하다. 따라서 거절결정은 취소하고 수계가 있은 후 다시 의견제출통지서를 발송하여 의견서 제출의 기회를 부여하여야 한다.

▶ 절차의 중지

천재・지변 기타 불가피한 사유로 인하여 특허청이 그 직무를 행할 수 없는 때에는 별도의 중지결정 없이 절차가 당연히 중지된다.
당사자가 부정기간의 장애로 특허청에 계속 중인 절차를 속행할 수 없는 때에는 당사자의 신청 또는 직권으로 특허청장 또는 심판관의 결정에 의하여 절차가 중지된다. 당사자가 거주하는 지역에 전쟁 또는 기타의 사유로 통신이 두절되어 당분간 회복될 전망이 보이지 않거나 당사자가 급작스러운 중병 등으로 특허청과 연락 등을 할 수 없게 된 때 등이 그 예가 될 수 있다.

절차의 중지에서 '부정기간의 장애' 란 특허청은 직무를 수행할 수 있으나 당사자가 특허에 관한 절차를 밟을 수 없는 장애 사유가 발생한 경우를 말한다.

▶ **절차의 정지 효과 예제**

심사관이 특허법 제46조에 따라 1월 내에 특허에 관한 절차를 보정할 것을 특허청장 명의로 요구하였으나, 보정요구 후 15일이 경과한 때 특허에 관한 절차가 중단되었고 이후 수계되었다면, 수계 후 보정할 수 있는 기간은 다시 1월이다[100].

▶ **절차의 효력 승계**

심사관이 의견제출통지서를 발송한 후에 지정된 기간 내에 출원인 변경신고가 있었다면 심사관은 승계인에게 다시 의견제출통지서를 발송할 필요가 없으며 의견서 제출기간도 당초 의견제출통지서에서 지정한 기간이 된다[101].

▶ **서류를 우편으로 제출하는 경우**

국제출원(특허협력조약 제2조(vii)의 국제출원)에 관한 서류를 우편으로 제출하는 경우에는 우편제출에 대한 규정에도 불구하고 특허청에 도달된 날부터 그 효력이 발생한다. 다만 이는 국제출원에 대해서만 적용하며 국제출원 후 국내단계에 진입하기 위해 번역문을 제출하거나 심사과정에서 의견서 등을 제출하는 경우에는 우편제출에 대한 규정에 의한다.

▶ **국방관련 비밀출원의 절차**

국방관련 비밀출원을 하는 출원인은 서류를 전자문서로 제출할 수 없다. 다만 보안유지해제통지를 받거나 비밀해제통지를 받은 경우에는 전자문서를 이용할 수 있다.

▶ **공시송달**

송달을 받을 자의 주소나 영업소가 불분명하여 송달할 수 없는 때에는 공시송달을 한다. 여기에서 주소나 영업소가 불분명하여 송달할 수 없는 때란 주민등록공동이용시스템을 이용하여도 송달받을 자의 주소를 확인할 수 없는 경우를 의

---

100) 절차가 중단 또는 중지된 경우에는 그 기간의 진행은 정지되고, 그 절차에 대해 수계통지를 하거나 그 절차를 속행한 때부터 다시 모든 기간이 진행된다.
101) 특허권 또는 특허에 관한 권리에 관하여 승계가 있는 경우 이미 밟은 특허에 관한 절차의 효력은 상실되는 것이 아니라 권리의 승계인에게 미친다. 즉 승계가 있는 경우 절차를 처음부터 다시 밟는 것이 아니라 이미 행한 절차는 유효하게 되므로 이미 밟은 절차는 다시 밟을 필요가 없다.

미한다. 2인 이상이 특허에 관한 절차를 밟은 경우에는 모든 자의 주소를 확인할 수 없는 때를 말한다.

▶ **수수료의 의의**

수수료는 특허출원, 심사청구 등 특허에 관한 절차를 밟는 특정의 이용자로부터 국가가 제공한 역무에 대한 반대급부 또는 보수의 성격으로 징수하는 요금으로 일반 조세와는 성격이 다르다.

▶ **심사청구료 반환(2021년 개정)**

출원심사의 청구를 한 후에 협의결과 신고 명령(동일인에 의한 특허출원에 한정), 거절이유통지 또는 특허결정의 등본 송달이 있기 전까지 특허출원을 취하(변경출원에 의한 취하와 국내우선권 주장에 의한 취하를 포함)하거나 포기한 경우 이미 낸 심사청구료 반환 가능하다.

출원심사의 청구를 한 후에 협의결과 신고 명령(동일인에 의한 특허출원에 한정) 후 신고기간 만료 전까지 또는 그 출원에 대해 최초로 통지된 거절이유통지 후 의견서 제출기간 만료 전까지 특허출원을 취하(변경출원이나 국내우선권 주장에 의한 취하를 포함)하거나 포기한 경우 이미 낸 심사료의 3분의 1에 해당하는 금액 반환 가능하다.

▶ **수수료의 면제**

특허청장은 국가(지방자치단체는 수수료 면제대상이 아닌 감경 대상임)에 의한 특허출원이나 심사관의 무효심판청구에 대한 수수료와 이와 관련한 절차에 관한 수수료 전체를 면제한다.

▶ **수수료 부당감면자에 대한 제재**

특허청장은 거짓이나 그 밖의 부정한 방법으로 특허료, 등록료 및 수수료를 감면받은 사실을 출원 후 등록결정 전 또는 등록결정 이후에 확인한 경우 보정요구서 또는 보정명령 등을 통하여 해당 사실을 기재한 내용과 징수금액을 고지할 수 있다. 특허청장은 거짓이나 그 밖의 부정한 방법으로 특허료, 등록료 및 수수료를 감면받은 출원인 또는 특허권자·실용신안권자가 하는 출원 또는 그 출원하여 받은 특허권·실용신안권에 대하여는 그 출원인 또는 특허권자·실용신안권자가 보정요구서 또는 보정명령의 고지를 송달받은 날부터 1년간 모든 감면조항을 적용하지 아니한다.

▶ 비밀 누설의 금지

비밀누설죄의 주체는 특허청 직원 또는 특허심판원 직원뿐만 아니라 그 직에 있었던 자를 포함한다. 전문기관 또는 특허문서전자화기관의 임·직원도 마찬가지다.

2. 특허출원절차

▶ 특허를 받을 수 있는 권리 의의

특허를 받을 수 있는 권리는 발명의 완성에서부터 거절결정의 확정 또는 특허권 설정등록 전까지 발명자가 가지는 권리이다. 특허를 받을 수 있는 권리는 발명을 함과 동시에 아무런 조치 없이 원시적으로 발명자에게 귀속된다.

▶ 발명자 의의

발명자란 자연법칙을 이용하여 기술적 사상을 창작한 자를 의미한다. 발명자에 해당한다고 하기 위해서는 기술적 사상의 창작행위에 실질적으로 기여하기에 이르러야 한다. 발명은 사실행위로서 미성년자 등과 같이 행위능력이 없는 자도 발명자가 될 수 있으며, 법정대리인을 통하여 절차를 밟기만 하면 특허를 받을 수 있다.

▶ 발명자인지 여부에 의심이 있을 경우 특허청 조치(2021년 신설)

출원서에 발명자로 기재된 사람이 진정한 발명자가 아니라는 합리적인 의심이 드는 경우(예 : 발명자가 5세의 유아인 경우)에는 해당 출원에 대하여 발명자 기재방식 위반으로 보정명령하는 것을 원칙으로 한다(특허법 제46조). 보정명령에 대응하여 발명자를 정정하지 않거나, 진정한 발명자임을 입증할 수 있는 자료(예 : 발명노트 등)를 제출하지 않는 경우에는 특허출원을 무효로 할 수 있다(특허법 제16조).
또한 출원서에 출원인으로 기재되어 있는 사람이 진정한 발명자나 그 승계인이 아니라는 의심이 드는 경우에는 거절이유를 통지할 수 있다(특허법 제33조 제1항). 거절이유통지에 대응하여 출원인을 변경하지 않거나, 그 출원인이 진정한 발명자나 정당한 승계인임을 입증할 수 있는 자료(예 : 발명노트, 양도증 등)를 제출하지 않는 경우에는 거절결정할 수 있다(특허법 제62조).

▶ 발명자 정정

출원인이 착오로 발명자 중 일부의 기재를 누락하거나 잘못 적은 때에는 추가 또는 정정할 수 있다.

특허권의 설정등록 후에는 발명자의 기재가 오기임이 명백한 경우 또는 출원과정을 통해 출원서에 적은 바 있던 발명자를 누락했음이 명백한 경우를 제외하고는 특허권자 및 신청 전·후 발명자 전원이 서명 또는 날인한 확인서류를 첨부하여야 발명자의 추가 또는 정정이 가능하다.

다만 특허를 받을 수 있는 권리를 가진 자가 특허법 제33조 제1항 본문 또는 제44조의 위반을 근거로 법원에 특허권의 이전을 청구하여 특허권을 이전등록 받은 후 발명자를 추가·삭제 또는 정정하려는 경우에는 특허권자 및 신청 전·후 발명자 전원이 서명 또는 날인한 확인서류를 첨부하지 않을 수 있다.

출원서에 발명자로 기재된 자가 진정한 발명자가 아니라는 합리적인 의심이 드는 경우에는 해당 출원에 대하여 거절이유를 통지할 수 있다(특허법 제33조 제1항).

▶ **특허를 받을 수 있는 권리의 승계**

특허를 받을 수 있는 권리를 출원 전에 양도하는 경우에는 특별한 절차를 필요로 하지 않으나, 특허출원 후의 양도는 포괄승계를 제외하고는 출원인변경신고를 하여야 그 효력이 발생한다. 한편 출원 전에 특허를 받을 수 있는 권리를 양도받은 승계인이 제3자에게 대항하기 위해서는 출원을 하여야 한다.

▶ **특허를 받을 수 있는 권리의 승계에 의한 출원이 경합한 경우**

동일한 자로부터 승계한 동일한 특허를 받을 수 있는 권리에 대하여 다른 날에 2 이상의 특허출원이 있는 때에는 실제 승계의 선후를 가리지 아니하고 특허법 제36조 제1항에 따라 먼저 출원한 자만이 특허를 받을 수 있다. 동일한 자로부터 승계한 동일한 특허를 받을 수 있는 권리에 대하여 같은 날에 2 이상의 특허출원이 있는 때에는 출원한 자간의 협의에 의하여 정한 자 외의 자의 승계는 그 효력이 발생하지 아니한다. 이 경우 심사관은 특허법 제38조 제7항에서 준용하는 같은 법 제36조 제6항에 따라 특허청장 명의로 기간을 정하여 출원인들에게 협의결과를 신고할 것을 요구한다. 협의요구에도 불구하고 협의가 성립하지 아니한 경우 그 승계는 효력이 발생하지 않으므로 모든 출원은 무권리자에 의한 출원으로 보고 특허법 제33조 위반으로 거절이유를 통지하고 거절결정한다.

▶ **특허를 받을 수 있는 권리의 승계에 의한 출원인변경신고가 경합한 경우**

동일한 자로부터 승계한 동일한 특허를 받을 수 있는 권리에 대하여 같은 날에 2 이상의 출원인변경신고가 있는 때에는 신고한 자간의 협의에 의하여 정한 자 외의 자의 신고는 그 효력이 발생하지 아니한다. 이 경우 심사관은 특허법 제38조 제7항에서 준용하는 같은 법 제36조 제6항에 따라 특허청장 명의로 기간을 정하여 신고자들에게 협의결과를 신고할 것을 요구하고 그 기간 이내에 신고가 없는 때에는 협의는 성립되지 아니한 것으로 본다. 협의가 성립되지 않은 경우, 이를 이유로 거절이유를 통지하는 것이 아니라 출원인변경신고가 없었던 것으로 보고 심사를 진행한다.

▶ **무권리자 의의**
'무권리자'란 발명자가 아닌 자로서 발명자 또는 그 승계인으로부터 특허를 받을 수 있는 권리를 적법하게 승계 받지 아니한 자를 말한다. 즉 특허를 받을 수 있는 권리를 정당하게 승계 받지 못한 자가 마치 정당한 승계인처럼 주장하는 모인자(冒認者)와 그 모인자로부터 특허를 받을 수 있는 권리를 양도받은 선의의 승계인도 무권리자다.

▶ **정당권리자 출원의 발명 범위**
정당한 권리자의 출원의 발명 범위가 적법한 것으로 인정되기 위해서는 청구범위에 기재된 발명뿐만 아니라 발명의 설명 및 도면에 기재된 발명도 무권리자가 한 출원의 발명 범위에 포함되어야 한다. 출원 범위를 벗어난 정당한 권리자의 출원이 있는 경우(정당한 권리자의 출원에 다수의 발명이 포함되어 있고 그 발명 중 일부의 발명만이 무권리자에 의하여 출원된 발명에 해당하는 경우) 정당한 권리자의 출원의 출원일은 소급되지 않는다.

▶ **특허를 받을 수 있는 권리의 질권설정 제한**
특허를 받을 수 있는 권리는 질권의 목적으로 할 수 없도록 규정되어 있다. 따라서 특허를 받을 수 있는 권리를 목적으로 질권을 설정한 경우 그 질권은 무효이다. 특허권이 설정되거나 실용신안권이 설정되면 질권의 목적으로 할 수 있다.

▶ **요약서의 취급**
요약서는 특허발명의 보호범위를 정하는 데에는 사용할 수 없다. 이는 특허법 제97조에서 특허발명의 보호범위는 청구범위에 기재된 사항에 의하여 정하여진다고 규정하고 있을 뿐만 아니라, 요약서는 발명의 보호범위를 정할 때 참작하는 명세서와는 달리 발명의 개요를 나타내는 기술정보로만 제출되었기 때문이다. 또한 요약서에만 기재된 사항은 특허법 제29조 제3항에 규정된 다른 출원의 지위도 가질 수 없으며, 보정에 의하여 명세서에 추가하는 것도 허용되지 않는다.

▶ **요약서를 제출하지 않은 경우**
출원서에 요약서가 첨부되지 않은 경우 그 출원절차는 보정요구의 대상이 된다. 특허청장은 보정요구에도 불구하고 흠결을 해소하지 못한 경우에는 특허법 제

16조에 따라 해당 출원절차를 무효로 할 수 있다. 요약서가 잘못 기재된 경우 특허법 제42조 제3항 제1호나 제4항의 요건을 충족하지 못했다는 이유로 거절이유통지를 해서는 안 된다는 점에 유의한다.

▶ **도면을 제출하지 않은 경우**

특허출원은 필요한 경우에만 도면을 첨부하도록 규정하고 있으나, 실용신안등록출원의 경우에는 반드시 도면을 첨부하여야 한다. 실용신안등록출원의 출원서에 도면이 첨부되어 있지 않은 때에는 부적법한 출원서로 취급하여 출원인에게 반려한다.

▶ **제42조 제3항 제1호**

실시의 대상이 되는 발명은 청구항에 기재된 발명으로 해석된다. 따라서 발명의 설명에만 기재되고 청구항에 기재되어 있지 않은 발명이 실시 가능하게 기재되어 있지 않을 경우에는 특허법 제42조 제3항 제1호 위반이 되지 않는다.

파라미터로 특정되는 발명이 발명의 설명에 대한 기재요건을 충족하기 위해서는 통상의 기술자가 출원시의 기술수준으로 보아 과도한 실험이나 특수한 지식을 부가하지 아니하고서도 명세서의 기재에 의하여 새로운 파라미터를 포함한 발명의 모든 구성을 특허청구범위에서 한정한 수치범위 전체에 걸쳐 정확히 이해함으로써 이를 사용할 수 있고, 위 구성으로부터 얻어지는 효과 역시 수치범위 전체에 걸쳐 명세서에서 구체적인 실험, 실시예 등으로 증명되거나 통상의 기술자가 출원시 기술수준으로 보아 이를 능히 예측할 수 있어야 한다[102].

(2021년 개정) 발명의 설명에 발명의 효과가 기재되어 있으나 발명의 설명의 전체 기재로부터 그 효과를 예측할 수 없거나 그 효과 유무에 합리적인 의심이 드는 경우(기술상식에 어긋나는 의학적 효과나 비상식적인 효과 등), 그 효과가 청구항에 기재된 발명과 관련된 효과라면 특허법 제42조 제3항 제1호 위반으로 거절이유를 통지할 수 있다. 의견제출통지서를 통해 거절이유를 통지할 때에 발명의 효과를 확인할 수 있는 실험성적서 등의 자료를 제출하도록 명할 수 있다(특허법 제222조). 효과 입증을 요구하는 자료 제출을 명할 때에는 '거짓자료를 제

---

[102] 파라미터 발명이 쉽게 실시되기 위해서는 (i) 파라미터의 정의 또는 그 기술적 의미에 대한 설명, (ii) 파라미터의 수치한정 사항이 포함된 경우 수치범위와 수치범위를 한정한 이유, (iii) 파라미터의 측정을 위한 방법, 조건, 기구에 대한 설명, (iv) 파라미터를 만족하는 물건을 제조하기 위한 방법에 대한 설명, (v) 파라미터를 만족하는 실시예, (vi) 파라미터를 만족하지 않는 비교예 및 (vii) 파라미터와 효과와의 관계에 대한 설명 등 파라미터에 관한 구체적인 기술내용이 기재되어야 한다. 한편 파라미터의 정의, 기술적 의미, 측정방법, 제조방법, 실시예 및 비교예 등 파라미터에 관한 구체적인 기술내용이 발명의 설명이나 도면에 명시적으로 기재되지는 않았더라도 출원시 기술상식을 감안할 때 명확히 이해될 수 있는 경우에는 이를 이유로 발명이 쉽게 실시될 수 없다고 판단하지 않는다.

출하여 등록결정을 받은 경우 특허법 제229조나 실용신안법 제49조의 거짓행위의 죄에 해당될 수 있음'을 의견제출통지서나 참고자료제출요청서에 기재하여 고지할 수 있다.

▶ **제42조 제4항 제1호**
청구항에 상위개념의 발명이 기재되어 있고 발명의 설명에는 상위개념에 대한 발명의 기재는 없고 하위개념의 발명에 대한 기재만 있으며, 상위개념에 관한 발명이 발명의 설명에 기재된 하위개념의 발명으로부터 명확하게 파악되지 않는 경우에는 특허법 제42조 제4항 제1호를 적용한다.

발명의 설명에는 특정 실시 형태만이 실시 가능할 정도로 기재되어 있고, 청구항에 관련된 발명의 실시 형태가 발명의 설명에 기재되어 있는 특정 실시 형태와 차이가 있다고 인정되는 경우에는 발명의 설명에 기재된 실시예만으로는 청구항에 관련된 발명을 실시할 수 없다는 이유로 특허법 제42조 제3항 제1호 위반으로 거절이유를 통지한다.

도면은 특허출원서에 반드시 첨부되어야 하는 것은 아니고 도면만으로 발명의 설명을 대체할 수는 없는 것이지만, 도면은 실시예 등을 구체적으로 보여줌으로써 발명의 구성을 더욱 쉽게 이해할 수 있도록 해주는 것으로서 도면이 첨부되어 있는 경우에는 도면에만 기재된 사항이라 하더라도 도면 및 도면의 간단한 설명을 종합적으로 참작하여 발명의 설명이 청구항을 뒷받침하고 있는지 여부를 판단할 수 있다.

▶ **발명의 설명 기재방법 위배시 취급**
발명의 설명 기재방법 위배시 2014. 12. 31. 이전 출원에 대해서는 거절 또는 무효 이유이고, 2015. 1. 1. 이후 출원에 대해서는 보정 사항이다.

▶ **배경기술기재의무**
발명의 배경이 되는 기술(배경기술)이라 함은 발명의 기술상의 의의를 이해하는 데에 도움이 되고 선행기술 조사 및 심사에 유용하다고 생각되는 종래의 기술을 말한다. 배경기술은 특허를 받고자 하는 발명에 관한 것이어야 한다. 특허를 받고자 하는 발명이란 청구범위에 기재된 사항에 의하여 정하여지는 발명을 말한다. 배경기술의 기재가 부적법한 것으로 인정되는 경우에 심사관은 특허법 제42조 제3항 제2호 위반의 거절이유를 통지한다. 특허법 제42조 제3항 제2호의 요건은 특허법 제62조에 의한 거절이유는 되나 정보제공사유나 무효사유는 되지 않는다.

▶ **제42조 제3항 제2호 위반시 대응방안**

발명의 배경기술이 기재되지 않았다는 거절이유를 받은 경우 출원인은 명세서의 [발명의 배경이 되는 기술] 항목이나 그 [선행기술문헌] 항목에 적절한 배경기술이 개시된 선행기술문헌의 정보를 추가하는 보정을 함으로써 대응할 수 있다. 기존의 기술과 전혀 다른 신규한 발상에 의해 개발된 발명이어서 적절한 배경기술을 알 수 없는 경우에는 거절이유통지에 대한 의견서에 그러한 취지를 설명하여 대응할 수 있다.

▶ **임시명세서 효과**

청구범위 제출유예 제도를 활용하는 경우 출원인은 특허법시행규칙 제21조 제2항 또는 제3항의 기재방법에 따르지 않고 발명의 설명을 적은 명세서(임시명세서)를 첨부하여 제출할 수 있다. 이는 논문·연구노트 등을 정해진 명세서의 서식에 맞추어 재작성할 필요 없이 임시명세서 형태 그대로 제출할 수 있도록 함으로써 출원인이 해당 발명의 선출원 지위를 빠르게 확보할 수 있도록 지원하고자 마련되었다.

출원인이 임시명세서를 전자문서로 제출하기 위해서는 특허청장이 정하여 고시하는 파일 형식을 따라야 하는데, 특허청에서 제공하는 소프트웨어 또는 특허청 홈페이지를 이용하여 생성한 표준 파일 형식 이외에도 상용 소프트웨어를 이용하여 생성한 파일 형식(hwp, doc, docx, pdf, ppt, pptx, jpg, tif)으로 제출할 수 있다.

▶ **임시명세서 절차**

출원인이 임시명세서를 출원서에 첨부하여 제출하는 경우에는 출원서에 그 취지를 기재하여야 하고, 이후 특허법 제47조에 따라 임시명세서를 보정할 때에는 특허법시행규칙 제21조 제2항 내지 제4항에 따른 명세서, 요약서 및 필요한 도면을 별지로 작성하여 보정서에 첨부하여야 한다.

임시명세서를 제출하는 경우에는 청구범위를 적지 아니한 명세서를 제출하는 청구범위 제출유예 제도에서와 같이 일정 기간(제3자 심사청구의 취지를 통지받은 날로부터 3개월 또는 우선일 등으로부터 1년 2개월이 되는 날 중 빠른 날)까지 명세서에 청구범위를 적는 보정을 하여야 하는데, 이때 청구범위 뿐만 아니라 발명의 설명, 요약서, 도면을 별지 서식에 따라 전문 보정하여야 한다. 청구범위 제출기한 내에 전문 보정된 명세서를 제출하지 않으면 그 기한이 되는 날의 다음 날에 해당 출원은 취하된 것으로 본다.

▶ **임시명세서 관련 기타 유의사항**

임시명세서를 첨부하여 제출된 출원도 명세서의 형식에서 차이가 있을 뿐 정규 출원으로 인정되므로 이를 기초로 하여 조약우선권주장출원 또는 국내우선권주장출원을 할 수 있다.

임시명세서를 첨부하여 제출된 출원을 분할 또는 변경하는 경우에는 분할출원 또는 변경출원의 명세서를 임시명세서로 제출할 수 있다. 그러나 청구범위 제출기한이 되는 날까지 전문 보정된 명세서를 제출하지 않으면 그 다음날로 취하 간주된다. 다만 분할출원, 변경출원의 경우에는 청구범위 제출기한이 되는 날이 지난 후에도 분할출원, 변경출원을 한 날로부터 30일이 되는 날까지 전문 보정된 명세서를 제출할 수 있다.

임시명세서를 첨부하여 출원하는 경우 출원인은 청구범위를 포함하는 전문 보정된 명세서를 제출하여야 해당 출원에 대하여 심사청구를 할 수 있다.

그리고 전문 보정된 명세서를 제출한 출원에 한하여 출원공개되며, 이때 출원공개공보에는 전문 보정된 명세서에 최초명세서로서의 지위를 가지는 임시명세서가 첨부되어 공개된다.

▶ **청구항 해석**

특허를 받고자 하는 발명의 인정은 출원인이 자신의 의사에 의하여 선택한 청구범위의 기재 내용을 존중하여 각 청구항에 기재된 사항에 근거하여 이루어져야 하고, 청구항의 기재가 불명료하거나 기술용어의 의미, 내용이 불명확한 경우에 한해 발명의 설명 또는 도면의 기재를 참작하여야 하며, 청구범위의 기재를 벗어나 발명의 설명에 개시된 발명의 내용으로부터 청구항에 기재된 발명을 인정해서는 안 된다.

▶ **제42조 제4항 제2호 위반여부 판단**

불명확한 부분이 경미한 기재상 하자로서, 그 하자에 의해서는 그 발명이 속하는 기술분야에서 통상의 지식을 가진 자가 발명이 불명확하다고 이해하지 않거나, 발명의 설명이나 도면, 출원 시의 기술상식 등에 의하여 발명이 명확하게 파악될 수 있는 경우에는 발명이 불명확한 것으로 취급하지 않는다.

▶ **제42조 제4항 제2호 위반될 수 있는 표현의 예제**

청구항에 아래의 발명의 구성을 불명확하게 하는 표현이 포함되어 있는 경우 발명이 명확하고 간결하게 기재되지 않은 것으로 본다. 다만 이러한 표현을 사용하더라도 그 의미가 발명의 설명에 의해 명확히 뒷받침되며 발명의 특정에 문제가 없다고 인정되는 경우에는 불명확한 것으로 취급하지 않는다.

✓ '소망에 따라', '필요에 따라', '특히', '예를 들어', '및/또는' 등의 자구와 함께 임의 부가적 사항 또는 선택적 사항이 기재된 경우
✓ '주로', '주성분으로', '주 공정으로', '적합한', '적량의', '많은', '높은', '대부분의', '거의', '대략', '약' 등 비교의 기준이나 정도가 불명확한 표현이 사용된 경우
✓ '…을 제외하고', '…이 아닌' 과 같은 부정적 표현이 사용되어 불명확해진 경우
✓ 수치한정발명에서 '…이상', '…이하', '0-10' 과 같이 상한이나 하한의 기재가 없는 수치한정이나 0 을 포함하는 수치한정을 한 경우(0 을 포함하는 성분이 필수성분이 아니라 임의성분인 경우에는 제외한다). 또는 '120-200°C, 바람직하게는 150-180°C' 와 같이 하나의 청구항 내에서 이중으로 수치한정을 한 경우
✓ 청구항에 상업상의 이점이나 판매지역, 판매처 등 발명의 기술적 구성과 관계가 없는 사항을 기재하여 발명이 명확하고 간결하지 않은 경우

조성비가 %로 기재된 조성물 발명의 경우, 아래의 ① 내지 ④의 경우와 같이 조성비의 기술적인 결함이나 모순이 있는 경우 발명의 구성이 명확하게 기재되어 있다고 할 수 없다.

① 모든 성분의 최대성분량의 합이 100%에 미달하는 경우
② 모든 성분의 최소성분량의 합이 100%를 초과하는 경우
③ 하나의 최대성분량과 나머지 최소성분량의 합이 100%를 초과하는 경우
④ 하나의 최소성분량과 나머지 최대성분량의 합이 100%에 미달하는 경우

그러나 청구범위가 "~를 포함하는" 과 같이 특정 성분들로만 구성되어 있지 않고 다른 성분도 포함될 수 있는 개방형 청구항에서는 상기 ①의 경우 명시된 최대성분량의 합이 100%에 미달하더라도 다른 성분을 포함하면 100%가 될 수 있으므로 명확한 기재이고, ④의 경우 명시된 하나의 최소성분량과 나머지 최대성분량의 합이 100%에 미달하더라도 다른 성분을 포함하면 100%가 될 수 있으므로 명확한 기재에 해당한다.

조성물의 조성비를 중량부로 표시할 수 있으며, 이 경우에는 조성비를 백분율(%)로 표시하는 경우에 대비하여 상기에서 규정한 요건을 만족시킬 필요가 없다.

▶ **제42조 제6항 취지**

특허법 제42조 제6항은 청구범위에 보호받고자 하는 사항을 명확히 하는데 필요하다고 인정되는 구조·방법·기능·물질 또는 이들의 결합관계 등을 기재하도록 규정하고 있다. 이는 기술이 다양화됨에 따라 물건(장치)의 발명에 대해서 물리적인 구조나 구체적인 수단보다는 그 장치의 작용이나 동작 방법 등에 의하

여 발명을 표현하는 것이 바람직한 경우가 있으므로, 발명이 명확하게 특정될 수 있다면 출원인의 선택에 따라 자유롭게 발명을 기재할 수 있다는 점을 명확히 한 것이다. 위 규정은 거절이유나 무효의 이유가 되지 않으므로 위 규정을 이유로 하여 거절이유를 통지하거나 거절결정해서는 안 된다.

▶ **독립항과 종속항의 구분**

독립항을 형식적으로는 인용하고 있다 하더라도 독립항을 한정하거나 부가하지 않는 경우에는 종속항이라고 할 수 없다. 다음과 같은 청구항은 종속항으로 보지 않고 독립항으로 취급한다.
  ✓ 인용되는 항의 구성요소를 감소시키는 형식으로 기재하는 경우
  ✓ 인용되는 항에 기재된 구성을 다른 구성으로 치환하는 형식으로 기재하는 경우

▶ **시행령 제5조 제1항 취급**

특허법 시행령 제5조 제1항은 "법 제42조 제8항에 따른 …(중략)… 종속청구항을 기재할 수 있다" 라고 하여 임의사항으로 규정하고 있어, 이 항을 이유로는 거절이유를 통지하지 않는 것으로 한다.

▶ **시행령 제5조 제2항**

청구항이 적정한 수로 기재되지 않은 경우로는 ① 하나의 청구항에 카테고리가 다른 2 이상의 발명이 기재된 경우, ② 청구하는 대상이 2 이상인 경우, ③ 동일한 청구항을 중복하여 기재(문언적으로 동일한 경우를 말하며 실질적으로 동일할 뿐 표현을 달리한 경우는 제외한다)하는 경우, ④ 하나의 청구항 내에서 다수의 청구항을 다중으로 인용하는 경우 등이 있다.

(예) 하나의 청구항에 2 이상의 대상이 기재되어 있는 경우 : … 고분자 화합물 및 그 고분자 화합물을 이용한 컨텍트 렌즈

▶ **시행령 제5조 제4항**

다른 청구항을 인용하는 청구항은 인용되는 항의 번호를 적어야 한다. 종속항뿐만 아니라 다른 항을 인용하는 청구항이면 모두 적용대상이 되는 것으로 개정된 특허법 시행령 제5조 제4항은 2013. 7. 1. 이후 심사하는 모든 출원에 대해서 적용한다.

▶ **시행령 제5조 제5항**

인용하는 청구항을 택일적으로 기재한 예
(예 1) 청구항 1 또는 청구항 2 에 있어서
(예 2) 청구항 1 내지 청구항 3 중 어느 하나의 항에 있어서
(예 3) 청구항 1, 청구항 2 또는 청구항 3 중 어느 한 항에 있어서
(예 4) 청구항 1, 청구항 2 또는 청구항 3 에 있어서
(예 5) 청구항 1 내지 청구항 7 및 청구항 9 내지 청구항 11 중 어느 한 항에 있어서
(예 6) 청구항 1 내지 청구항 7 또는 청구항 9 내지 청구항 11 중 어느 한 항에 있어서
(예 7) 청구항 1, 청구항 2 및 청구항 4 내지 청구항 7 중 어느 한 항에 있어서

인용되는 항의 번호를 택일적으로 기재하지 않은 예
(예 1) 청구항 1, 청구항 2 에 있어서
(예 2) 청구항 1 및 청구항 2 또는 청구항 3 에 있어서
(예 3) 청구항 1 및 청구항 2 또는 청구항 3 중 어느 한 항에 있어서
(예 4) 청구항 1, 2 에 있어서

▶ **시행령 제5조 제6항**

2 이상의 항을 인용하는 청구항이 2 이상의 항을 인용한 다른 청구항을 인용한 경우
(예) 청구항 4는 2 이상의 항을 인용하는 종속항으로서 2 이상의 항을 인용한 다른 청구항(청구항 3)을 인용하고 있어 청구범위 기재방법에 위배된다.
[청구항 1] … 장치
[청구항 2] 청구항 1 에 있어서, … 장치
[청구항 3] 청구항 1 또는 청구항 2 에 있어서, … 장치
[청구항 4] 청구항 2 또는 청구항 3 에 있어서, … 장치
2 이상의 항을 인용한 청구항에서 그 청구항의 인용된 항이 다시 하나의 항을 인용한 후에 그 하나의 항이 결과적으로 2 이상의 항을 인용한 경우
(예) 청구항 5는 2 이상의 항을 인용하는 종속항으로서, 2 이상의 항을 인용하고 있는 제3항을 인용한 제4항을 인용하고 있어 청구범위 기재방법에 위배된다.
[청구항 1] … 장치
[청구항 2] 청구항 1 에 있어서, … 장치

[청구항 3] 청구항 1 또는 청구항 2 에 있어서, … 장치
[청구항 4] 청구항 3 에 있어서, … 장치
[청구항 5] 청구항 2 또는 청구항 4 에 있어서, … 장치
[청구항 6] 청구항 5 에 있어서, … 장치

한편 특허법 시행령 제5조 제6항은 '2 이상의 항을 인용하는 청구항' 을 대상으로 하고 있어, 하나의 청구항만을 인용하는 청구항에 대해서는 적용할 수 없다는 점에 주의하여야 한다. 위의 예에서 청구항 6 은 특허법 시행령 제5조 제6항을 위배하는 청구항 5를 인용하고 있어 실질적으로 다수의 다른 청구항을 참조하여 해석하여야 하는 어려움은 있으나 2 이상의 항을 인용하는 청구항이 아니므로 특허법 시행령 제5조 제6항의 위배로 되지는 않는다.

▶ **청구범위 미제출시 심사청구제한**

출원인은 청구범위가 기재된 명세서가 제출된 때에 한하여 출원심사의 청구를 할 수 있다. 청구범위가 기재되지 않은 명세서가 첨부된 출원에 대하여 출원인이 심사청구를 하는 경우 그 심사청구서는 소명 기회를 부여한 후 반려한다.

▶ **청구범위 미제출시 공개제한**

청구범위가 기재되지 않은 명세서가 첨부된 출원은 청구범위 제출기한이 되는 날의 다음 날에 취하 간주될 것이므로 출원공개 대상에서 제외된다. 한편 청구범위가 기재되지 않은 명세서가 첨부된 출원이 취하 간주되기 전에 조기공개신청서가 제출되는 경우, 소명기회를 부여하고 반려한다.

▶ **청구범위 제출기한**

정당한 권리자의 출원, 분할출원 및 변경출원에 대해서도 청구범위를 기재하지 않은 명세서를 첨부할 수 있다. 한편 청구범위 제출기한이 되는 날까지 청구범위를 기재하는 보정을 하지 않으면 그 다음날로 취하 간주된다. 다만 원출원이 2015년 1월 1일 이후 출원한 분할출원, 변경출원의 경우에는 청구범위 제출기한이 되는 날이 지난 후에도 분할출원, 변경출원을 한 날부터 30일이 되는 날까지 청구범위를 기재할 수 있다.

▶ **단일성 판단방법**

단일성에 해당되는가의 여부는 하나 또는 둘 이상의 동일하거나 상응하는 '특별한 기술적인 특징' 을 포함하고 있어, 각 청구항에 기재된 발명들이 기술적으로 상호 관련성이 있는가에 달려있다. '특별한 기술적인 특징' 은 각 발명에서 전체로 보아 선행기술과 구별되는 개선된 부분을 말한다. 여기서 각 발명의 '특별한

기술적인 특징'은 동일하지 않더라도 상응하기만 하면 된다. 예를 들어 어떤 청구항에서 탄성을 주기 위한 '특별한 기술적인 특징'이 스프링이었다면 다른 청구항에서는 탄성을 주는 '특별한 기술적인 특징'이 고무블록일 수 있다. '특별한 기술적인 특징'은 발명의 단일성을 판단하기 위하여 특별히 제시된 개념으로, 해당 출원 전 공지 등이 된 선행기술에 비해 신규성과 진보성을 구비하게 되는 기술적 특징을 말하며, 발명을 전체로서 고려한 후에 결정되어야 한다.

(예1) 각 발명의「특별한 기술적인 특징」은 동일하지 않더라도 상응하기만 하면 된다. 예를 들어, 어떤 청구항에서 탄성을 주기 위한「특별한 기술적인 특징」이 스프링이었다면 다른 청구항에서는 탄성을 주는「특별한 기술적인 특징」이 고무블록일 수 있다.

(예2) 발명 A+X와 A+Y에 대한 청구항의 경우에 A가 청구항 모두에 공통적이므로 선행기술을 검색하기 전이라면 선험적으로 발명의 단일성이 존재하는 것으로 판단할 수 있으나, A와 관계된 선행기술이 검색된 경우에는 각 청구항은 선행기술에 비해 구별되는 동일하거나 상응하는 특별한 기술적 특징을 갖지 않으므로 후험적으로 발명의 단일성은 결여하게 된다.

▶ **단일성 판단시 주의사항**

1 군의 발명에는 하나의 출원 내에 카테고리가 동일한 여러 개의 독립항을 포함하는 경우도 있고, 하나의 출원 내에 카테고리가 상이한 여러 개의 독립항을 포함하고 있는 경우도 있을 수 있다. 또한 하나의 청구항 내에도 1 군의 발명의 범위를 넘는 발명이 포함되어 단일성이 만족되지 않는 경우가 있을 수 있다. 1 군의 발명들이 하나의 총괄적 발명의 개념을 형성하는가의 여부에 대한 판단은 1 군의 발명들이 각각 별개의 청구항으로 청구되었는지 또는 하나의 청구항 내에 택일적 형식으로 청구되었는지 여부와는 관계가 없다.

▶ **독립항과 종속항의 관계**

독립항이「특별한 기술적 특징」을 가지고 있는 경우에는 이를 인용하는 종속항은 그 독립항의 기술적 특징을 모두 포함하므로 동일한「특별한 기술적 특징」을 갖게 되어 청구항 간에는 단일성이 만족된다. 독립항이 발명의 단일성에 대한 요건을 만족하는 경우에는 이들 독립항에 인용하는 종속항은 단일성이 만족된다.

▶ **시행령 제6조 제1호 인정되는 경우 예제**

① 물건과 그 물건을 생산하는 방법
② 물건과 그 물건을 사용하는 방법

③ 물건과 그 물건을 취급하는 방법
④ 물건과 그 물건을 생산하는 기계, 기구, 장치, 기타의 물건 ⑤ 물건과 그 물건의 특정 성질만을 이용하는 물건
⑥ 물건과 그 물건을 취급하는 물건
⑦ 방법과 그 방법의 실시에 직접 사용하는 기계, 기구, 기타의 물건

▶ 단일성 판단사례
(예 1) 청구항 1은 독립항이고 청구항 2 내지 5는 청구항 1의 종속항으로서, 심사관의 선행기술검색 결과와 대비하였을 때에
【청구항 1】 A (A는 선행기술에 개시)
【청구항 2】 A+B (A+B는 선행기술에 개시)
【청구항 3】 A+C (C는 선행기술에 개시되지 않음)
【청구항 4】 A+C+D
【청구항 5】 A+F (F는 선행기술에 개시되지 않음)

인 경우를 예로 살펴본다. 독립항인 청구항 1은 선행기술에 비하여 개선된 특징이 없으므로, 청구항 1을 인용하는 청구항 2 내지 5 사이에 발명의 단일성이 위배되지 않는지를 검토해 보아야 한다. 청구항2에는「특별한 기술적인 특징」이 없고, 청구항 3 내지 4의「특별한 기술적인 특징」은 C이고, 청구항 5의「특별한 기술적인 특징」은 F이다. 여기서 C와 F가 동일하거나 상응하는 기술적인 특징이 아니라면, 종속항들은 〈청구항 2〉, 〈청구항 3 및 4〉, 〈청구항 5〉의 3개 발명군으로 되어 있는 것이다. 청구항 1을 청구항 2와 동일군의 발명으로 보면(청구항 1을 제1, 2, 3군 각각에 포함시키는 방법도 가능),

다음과 같이 3개의 발명군이 있음을 지적하여 발명의 단일성 거절이유를 통지할 수 있으며, 이 때 제1군에 대한 실체심사 결과(신규성·진보성 거절이유 등)를 함께 통지한다.

제1군 : 청구항 1, 2
제2군 : 청구항 3, 4
제3군 : 청구항 5

앞서「4. 단일성 판단방법」의 (6)의 마지막 단락에서 설명한 바와같이, 발명의 단일성이 결여되었더라도 위 청구항 3, 4, 5에 대하여 더 이상의 검색이 필요하지 않아 부가적인 심사노력 없이도 심사를 종결할 수 있게 된 경우라면, 발명의 단일성 거절이유를 통지하지 않고 청구항 1 내지 5에 대한 신규성·진보성 등의 거절이유를 바로 통지할 수 있다.

(예 2)

【청구항 1】: 특징 A+B를 갖는 표시장치
【청구항 2】: 제1항에 있어서, 특징 C를 부가한 표시장치
【청구항 3】: 제1항에 있어서, 특징 D를 부가한 표시장치

독립항이 「특별한 기술적 특징」을 가지고 있는 경우에는 이를 인용하는 종속항은 그 독립항의 기술적 특징을 모두 포함하므로 동일한 「특별한 기술적 특징」을 갖게 되어 청구항 간에는 단일성이 만족된다. 예에서 A+B가 「특별한 기술적 특징」이라면, 모든 청구항에 동일한 특별한 기술적 특징인 A+B가 존재하므로 청구항 1과 청구항 1의 종속항인 청구항 2, 3사이에는 단일성이 만족된다.

(예 3)

【청구항 1】: 폴리에틸렌수지의 표면을 산에 의해 처리하는 방법
【청구항 2】: 제1항에 있어서, 산은 황산인 방법
【청구항 3】: 제1항에 있어서, 산은 질산인 방법

위 예에서 청구항 1과 청구항 2 및 3은 소위 상위개념과 하위개념의 관계에 있다. 청구항 1, 2, 3 사이에 동일한 특별한 기술적인 특징을 '폴리에틸렌수지의 표면을 산에 의해 처리하는 기술'이라고 볼 때, 청구항 1, 2, 3 사이에는 단일성이 만족된다.

(예 4) 청구항이 다른 청구항의 특별한 기술적 특징을 포함하는 경우

【청구항 1】 램프용 필라멘트 A
【청구항 2】 필라멘트 A가 있는 램프 B
【청구항 3】 필라멘트 A가 있는 램프 B와 회전테 C로 구성되는 서치라이트

청구항 1의 '필라멘트 A'가 「특별한 기술적 특징」이라면, 모든 청구항들 사이에 공통되므로, 청구항 1, 2 및 3 사이에는 단일성이 존재한다.

(예 5) 서로 상응하는 특별한 기술적 특징을 갖는 경우

【청구항 1】: 영상신호의 시간축 신장기를 구비한 송신기
【청구항 2】: 수신한 영상신호의 시간축 압축기를 구비한 수신기
【청구항 3】: 영상신호의 시간축 신장기를 구비한 송신기와 수신한 영상신호의 시간축 압축기를 구비한 수신기로 이루어진 영상신호의 전송장치

청구항 1의 시간축 신장기가 「특별한 기술적 특징」이고 청구항 2의 시간축 압축기가 「특별한 기술적 특징」이며, 이들은 서로 상응하는 기술적특징(소위 서브컴비네이션과 서브컴비네이션)이라면, 청구항 1과 청구항 2사이에는 단일성이 존재한다. 청구항 3은 청구항 1 및 청구항 2의 「특별한기술적 특징」들을 모두 포함하므로 청구항 1 및 청구항 2와 단일성이 있다(소위 컴비네이션과 서브 컴비네이션).

(예 6) 동일하거나 상응하지 않는 특별한 기술적 특징을 갖는 경우
【청구항 1】 직류모터용 제어회로 A
【청구항 2】 직류모터용 제어회로 B
【청구항 3】 제어회로 A가 있는 직류모터를 이용하는 장치
【청구항 4】 제어회로 B가 있는 직류모터를 이용하는 장치

직류모터에 사용된다는 사실이「특별한 기술적 특징」이 아닌 경우로서, '제어회로 A'가 하나의「특별한 기술적 특징」이고, '제어회로 B'도 '제어회로 A'와는 관련이 없지만 또 다른「특별한 기술적 특징」인 경우, 청구항 1과 청구항 3 사이 또는 청구항 2와 청구항 4 사이에는 단일성이 있으나, 청구항 1과 청구항 2 사이 또는 청구항 3과 청구항 4 사이에는 단일성이 없다.

(예 7) 단일하지 않은 청구항들의 기술적 특징을 포함하는 경우
【청구항 1】 특징 A를 갖는 콘베이어 벨트
【청구항 2】 특징 B를 갖는 콘베이어 벨트
【청구항 3】 특징 A 및 특징 B를 갖는 콘베이어 벨트

'특징 A'가 하나의「특별한 기술적 특징」이고, '특징 B'는 또 다른 하나의「특별한 기술적 특징」인 경우, 청구항 1과 청구항 3사이 또는 청구항 2와 청구항3 사이에는 단일성이 있으나, 청구항 1과 청구항 2사이에는 단일성이 없다.

▶ **미생물 기탁기관**

미생물 기탁기관은 (ⅰ) 특허법 제58조 제2항에 따라 등록한 국내기탁기관, (ⅱ) 부다페스트조약 제7조의 규정에 의하여 국제기탁기관으로서의 지위를 취득한 기관 또는 (ⅲ) 부다페스트조약의 당사국이 아닌 국가로서 해당 국가의 특허청장이 대한민국 국민에게 특허절차상 미생물기탁에 대해 대한민국과 동일한 조건의 절차를 인정하기로 특허청장과 합의한 국가가 지정하는 지정기탁기관을 말한다.

▶ **미생물 용이입수 예제**

쉽게 입수할 수 있는 미생물에는 다음과 같은 것들이 있다.
- ✓ 시중에서 판매되고 있는 미생물
- ✓ 그 출원 전에 신용할 수 있는 보존기관에 보존되며 보존기관이 발행하는 카탈로그 등에 의하여 자유롭게 분양될 수 있는 사실이 확인된 미생물. 이 경우 해당 미생물의 보존기관, 보존번호를 출원시 명세서에 기재하여야 한다.
- ✓ 명세서의 기재에 의하여 해당 발명이 속하는 기술분야에서 통상의 지식을 가진 자가 쉽게 제조할 수 있는 미생물

▶ **기탁 필요여부 구분**

미생물에 관계되는 발명에 대하여 특허출원을 하고자 하는 자는 특허출원 전에 기탁기관에 그 미생물을 특허기탁한 후 특허출원서에 취지를 기재하고, 그 사실을 증명하는 서류를 첨부하여야 한다103). 다만 해당 발명이 속하는 기술분야에서 통상의 지식을 가진 자가 그 미생물을 쉽게 입수할 수 있는 경우에는 이를 기탁하지 아니할 수 있다.

▶ **명세서 기재방법**

미생물에 관계되는 발명에 대하여 특허출원을 하려는 자는 최초 명세서에 미생물의 수탁번호를 기재하고, 미생물을 기탁하지 아니한 경우에는 그 미생물의 입수방법을 적어야 한다.

▶ **기탁절차 방식심사**

특허출원시 출원서에 취지를 기재하지 아니하고 그 사실을 증명하는 서류만 첨부한 경우 또는 출원서에 취지만을 기재하고 그 사실을 증명하는 서류를 첨부하지 아니한 경우에는 이 법에 따른 명령으로 정하는 방식을 위반한 것으로 보아 특허법 제46조 규정에 따라 보정을 명하고 보정명령에도 불구하고 지정된 기간 이내에 그 흠결을 보정하지 못한 경우 특허기탁과 관련된 절차를 무효로 할 수 있다.

미생물에 관계되는 발명에 대한 취지를 기재한 출원서가 제출되면 그 사실을 증명하는 서류에 기재된 미생물이 특허출원 전에 특허기탁되었는지 여부 등에 대한 방식심사를 하여야 한다. 출원인이 미생물에 관계되는 발명에 대한 취지를 기재한 출원서와 그 사실을 증명하는 서류를 제출하였으나, ① 특허출원 전에 특허기탁되지 아니한 경우, ② 출원서와 그 사실을 증명하는 서류에 기탁기관명, 수탁번호, 수탁일자 등을 잘못 기재한 경우에는 그 흠결을 지적하여 보정명령을 한 후 보정명령에도 불구하고 지정된 기간 이내에 보정하지 못하는 경우 특허기탁과 관련된 절차를 무효로 할 수 있다.

▶ **미생물관련 발명의 실체심사**

심사관은 출원인이 제출한 서류를 검토하여 방식에 흠결이 없는 경우에는 실체심사에 착수한다. 미생물의 특허기탁이 필요한 출원으로서 특허출원서에 최초로 첨부된 명세서 또는 도면에 수탁사실과 관련된 수탁번호는 기재되어 있으나,

---

103) 단 국내에 소재지가 있는 국내기탁기관 또는 국제기탁기관에 해당 미생물을 기탁한 경우에는 미생물의 기탁 사실을 증명하는 서류를 첨부하지 않을 수 있다.

출원서에 취지를 기재하지 아니하고 그 사실을 증명하는 서류를 첨부하지 아니한 경우에는 출원서에 취지를 기재할 것과 그 사실을 증명하는 서류를 첨부할 것을 보정명령한 후 보정명령에도 불구하고 지정된 기간 이내에 그 흠결을 보정하지 못한 경우 특허기탁과 관련된 절차를 무효로 할 수 있다. 한편 특허기탁과 관련된 절차에 흠결이 있어 그 절차가 무효처분된 경우에 심사관은 해당 미생물과 관계되는 발명에 대하여 특허법 제42조 제3항 제1호를 적용할 수 있다.

▶ 서열목록 기재방식

핵산염기 서열 또는 아미노산 서열을 포함한 특허출원을 하려는 자는 특허청장이 정하는 방법에 따라 작성된 서열목록을 수록한 전자파일을 특허청장이 정하는 방법에 따라 작성하여 특허출원서에 첨부해야 한다. 이 경우 서열목록은 명세서의 발명의 설명에 기재한 것으로 본다.

서열목록전자파일이 출원서에 첨부되지 아니한 경우 심사관은 특허법 제46조에 의하여 보정을 요구하고, 흠결이 치유되지 않는 경우 그 출원 절차를 무효로 할 수 있다.

출원서에 서열목록전자파일을 첨부하면 명세서의 발명의 설명에 서열목록을 기재한 것으로 간주하므로, 서열목록전자파일의 보정은 신규사항이 추가되지 않는 범위 내에서만 할 수 있다.

▶ 컴퓨터 관련 발명 청구범위 기재

① 컴퓨터 관련 발명은 시계열적으로 연결된 일련의 처리 또는 조작, 즉 단계로서 표현할 수 있을 때 그 단계를 특정하는 것에 의해 방법의 발명으로서 청구항에 기재할 수 있다(방법의 발명). ② 컴퓨터 관련 발명은 그 발명이 완수하는 복수의 기능으로 표현할 수 있을 때 그 기능으로 특정된 물건의 발명으로 청구항에 기재할 수 있다(물건의 발명). ③ 프로그램 기록 매체, 즉 프로그램을 설치하고 실행하거나 유통하기 위해 사용되는 프로그램을 기록한 컴퓨터로 읽을 수 있는 매체는 물건의 발명으로서 청구항에 기재할 수 있다(프로그램 기록 매체 청구항). ④ 데이터 기록 매체, 즉 기록된 데이터 구조로 말미암아 컴퓨터가 수행하는 처리 내용이 특정되는 구조를 가진 데이터를 기록한 컴퓨터로 읽을 수 있는 매체는 물건의 발명으로서 청구항에 기재할 수 있다(데이터 기록 매체 청구항). ⑤ 하드웨어와 결합되어 특정과제를 해결하기 위하여 매체에 저장된 컴퓨터프로그램 청구항(예 컴퓨터에 단계 A, 단계 B, 단계 C를 실행시키기 위하여 매체에 저장된 컴퓨터 프로그램, 위의 예에서 컴퓨터프로그램이 그에 준하는 용어인 애플리케이션 등으로 기재된 경우에도 허용된다. 한편 매체에 저장되지 않은 컴퓨터프로그램은 프로그램 자체를 청구한 것이므로 허용되지 않는다).

3. 산업상 이용가능성, 신규성, 진보성, 확선, 선원

▶ **발명에 해당하지 않는 유형**

(1) 자연법칙 자체
(2) 단순한 발견이어서 창작이 아닌 것
(3) 자연법칙에 위배되는 것
(4) 자연법칙을 이용하지 아니한 것(2021년 개정)
  청구항에 기재된 발명의 일부에 자연법칙을 이용하는 부분이 있어도 발명의 일부 구성이 비과학적 행위를 구성요소로 하고 있어 발명의 주목적이나 효과가 사회통념을 벗어나는 비상식적인 경우(예 : 사주・운세를 이용하여 당첨 확률이 높은 로또 번호를 제공하는 방법)에는 청구항 전체로서는 자연법칙을 이용하지 않는 발명에 해당한다.
(5) 기능
(6) 단순한 정보의 제시
(7) 미적 창조물
(8) 컴퓨터 프로그램 언어 자체, 컴퓨터 프로그램 자체
(9) 반복하여 동일한 효과를 얻을 수 없는 것
(10) 미완성 발명

▶ **자연법칙 이용 여부**

특허법상의 발명에 해당하기 위한 자연법칙 이용 여부는 청구항 전체로 판단하여야 한다. 따라서, 청구항에 기재된 발명의 일부에 자연법칙을 이용하고 있는 부분이 있어도 청구항 전체로서 자연법칙을 이용하고 있지 않다고 판단될 때에는 특허법상의 발명에 해당하지 아니하고, 반대로 청구항에 기재된 발명의 일부에 자연법칙을 이용하고 있지 아니한 부분(예 : 수학공식 등)이 있어도 청구항을 전체로 파악했을 때 자연법칙을 이용하고 있다고 판단될 때에는 특허법상의 발명에 해당된다.

▶ **컴퓨터 관련 발명**

컴퓨터 프로그램에 의한 정보처리가 하드웨어를 이용해 구체적으로 실현되는 경우에는 해당 프로그램과 연동해 동작하는 정보처리장치(기계), 그 동작 방법, 해당 프로그램을 기록한 컴퓨터로 읽을 수 있는 매체 및 매체에 저장된 컴퓨터 프로그램은 자연법칙을 이용한 기술적 사상의 창작으로서 발명에 해당한다.

▶ **미완성발명과 제42조 제3항 제1호 구분**

특허부여의 요건으로서 발명의 완성 여부와 명세서 기재요건의 충족 여부는 구별되어야 한다. 미완성 발명은 출원당시 발명이 완성되지 않은 경우에 적용되는 것이므로 출원 후 보정으로 그 하자를 치유할 수 없는데 비하여, 명세서 기재불비는 출원당시 발명은 완성하였으나 기재를 제대로 하지 못한 경우에 적용되는 것이므로 보정으로 그 하자를 치유할 가능성이 있다. 따라서 발명의 설명에 기재된 발명이 통상의 기술자가 그 발명을 쉽게 실시할 수 있을 정도로 명확하고 충분히 기재되어 있지 아니하며 또한 동일한 이유로 그 발명이 미완성 발명인지 여부가 불분명한 경우에는 산업상 이용할 수 있는 발명에 해당하지 않는다는 이유(특허법 제29조 제1항 본문)에 우선하여 특허법 제42조 제3항 제1호에 근거하여 거절이유를 통지하는 것이 바람직하다.

▶ **실시 가능성**

이론적으로는 그 발명을 실시할 수 있더라도 그 실시가 현실적으로 전혀 불가능하다는 사실이 명백한 발명은 산업상 이용할 수 있는 발명에 해당하지 않는 것으로 취급한다. 다만 그 발명이 실제로 또는 즉시 산업상 이용되는 것이 필요하지는 않고, 장래에 이용될 가능성이 있으면 산업상 이용할 수 있는 발명이라 판단한다. 여기서 특허출원된 발명이 출원일 당시가 아니라 장래에 산업적으로 이용될 가능성이 있다 하더라도 특허법이 요구하는 산업상 이용가능성의 요건을 충족한다고 하는 법리는 해당 발명의 산업적 실시화가 장래에 있어도 좋다는 의미일 뿐 장래 관련 기술의 발전에 따라 기술적으로 보완되어 장래에 비로소 산업상 이용가능성이 생겨나는 경우까지 포함하는 것은 아니다.

▶ **의료행위에 해당하여 산업상 이용할 수 있는 발명에 해당하지 않는 유형**
① 인간을 수술, 치료 또는 진단하는 방법의 발명, 즉 의료행위에 대해서는 산업상 이용할 수 있는 발명에 해당되지 않는 것으로 한다.
② 의료인에 의한 의료행위가 아니더라도 발명의 목적, 구성 및 효과 등에 비추어 보면 인간의 질병을 치료, 예방 또는 건강상태의 증진 내지 유지 등을 위한 처치방법의 발명인 경우에는 산업상 이용 가능성이 없는 것으로 취급한다.
③ 청구항에 의료행위를 적어도 하나의 단계 또는 불가분의 구성요소로 포함하고 있는 방법의 발명은 산업상 이용 가능한 것으로 인정하지 않는다.
④ 인체를 처치하는 방법이 치료 효과와 비치료 효과(예 : 미용효과)를 동시에 가지는 경우, 치료 효과와 비치료 효과를 구별 및 분리할 수 없는 방법은 치료방법으로 간주되어 산업상 이용 가능한 것으로 인정하지 않는다.

▶ **산업상 이용할 수 있는 발명에 해당하는 유형**
① 인간의 수술, 치료 또는 진단에 사용하기 위한 의료 기기 그 자체, 의약품 그 자체 등은 산업상 이용할 수 있는 발명에 해당한다.
② 의료기기의 작동방법 또는 의료기기를 이용한 측정방법 발명은 그 구성에 인체와 의료기기 간의 상호작용이 인체에 직접적이면서 일시적이 아닌 영향을 주는 경우 또는 실질적인 의료행위를 포함하는 경우를 제외하고는 산업상 이용 가능한 것으로 취급한다.
③ 인간으로부터 자연적으로 배출된 것(예 : 소변, 변, 태반, 모발, 손톱) 또는 채취된 것(예 : 혈액, 피부, 세포, 종양, 조직)을 처리하는 방법이 의료행위와는 분리 가능한 별개의 단계로 이루어진 것 또는 단순히 데이터를 수집하는 방법인 경우 산업상 이용 가능한 것으로 취급한다.
④ 인간을 대상으로 하는 진단 관련 방법(이화학적 측정, 분석 또는 검사방법 등 각종 데이터를 수집하는 방법)이 임상적 판단을 포함하지 않는 경우 산업상 이용 가능한 것으로 취급한다.
⑤ 인간을 수술, 치료 또는 진단하는 방법의 발명은 산업상 이용 가능성이 없는 것으로 보나, 그것이 인간 이외의 동물에만 한정한다는 사실이 청구범위에 명시되어 있으면 산업상 이용할 수 있는 발명으로 취급한다.
⑥ 인체를 처치하는 방법이 치료 효과와 비치료 효과를 동시에 가지는 경우로서, 그 청구항이 비치료적 용도(예 : 미용 용도)로만 한정되어 있고, 명세서에 기재되어 있는 발명의 목적, 구성 및 효과를 종합적으로 고려할 때 비치료적 용도로 그 방법의 사용을 분리할 수 있으며, 어느 정도의 건강증진 효과가 수반된다고 하더라도 그것이 비치료적인 목적과 효과를 달성하기 위한 과정에서 나타나는 부수적 효과인 경우에는 산업상 이용할 수 있는 발명으로 취급한다. 다만 수술방법의 경우에는 미용 목적 및 용도로 한정하더라도 산업상 이용 가능한 것으로 인정하지 아니한다.

▶ **공지 등의 의의**
「공지(公知)된 발명」이란 특허출원전에 국내 또는 국외에서 그 내용이 비밀상태로 유지되지 않고 불특정인에게 알려지거나 알려질 수 있는 상태에 있는 발명을 의미한다.
「특허출원전」이란 특허출원일의 개념이 아닌 특허출원의 시, 분, 초까지도 고려한 자연시(외국에서 공지된 경우 한국시간으로 환산한 시간)개념이다.
「불특정인」이란 그 발명에 대한 비밀준수 의무가 없는 일반 공중을 말한다.

▶ **출원의 공지 등 시점**

등록공고가 없더라도 출원이 설정등록되면 누구라도 그 출원서를 열람할 수 있으므로 특허법 제29조 제1항 각호의 선행기술 자료로 사용할 수 있다. 이때 설정등록된 출원의 공지시점은 등록원부가 생성된 시점이다.

▶ **공연실시**

「공연」은 바꾸어 말하면 「전면적으로 비밀상태가 아닌 것」을 의미하므로 그 발명의 실시에 있어서 발명의 주요부에 대하여 일부라도 비밀부분이 있을 때에는 그 실시는 「공연」한 것이라고 할 수 없다.

불특정인에게 공장을 견학시킨 경우, 그 제조상황을 보면 그 기술분야에서 통상의 지식을 가진 자가 그 기술내용을 알 수 있는 상태인 때에는 「공연히 실시」된 것으로 본다. 또한, 그 제조상황을 보았을 경우에 제조공정의 일부에 대하여는 장치의 외부를 보아도 그 제조공정의 내용을 알 수 없는 것으로서, 그 내용을 알지 못하면 그 기술의 전체를 알 수 없는 경우에도 견학자가 그 장치의 내부를 볼 수 있거나 그 내부에 대하여 공장의 종업원에게 설명을 들을 수 있는 상황(공장 측에서 설명을 거부하지 않음)으로서 그 내용을 알 수 있을 때에는 그 기술은 공연히 실시된 것으로 본다.

불특정 다수인이 인식할 수 있는 상태에서 실시되었다고 하여 반드시 그 기술의 내용까지 정확히 인식할 수 있는 것은 아니므로, 공용에 의하여 신규성이 부인되기 위해서는 다시 '당해 기술분야에서 통상의 지식을 가진 자가 그 기술사상을 보충, 또는 부가하여 발전시킴 없이 그 실시된 바에 의하여 직접 쉽게 반복하여 실시할 수 있을 정도로 공개될 것'이 요구 된다.

▶ **반포된 간행물**

「간행물에 게재된 발명」이란 그 문헌에 직접적으로 명확하게 기재되어 있는 사항 및 문헌에 명시적으로는 기재되어 있지 않으나 사실상 기재되어 있다고 인정할 수 있는 사항에 의하여 파악되는 발명을 말한다.

일반 공중에게 반포에 의하여 공개할 목적으로 복제된 것이란, 반드시 공중의 열람을 위하여 미리 공중의 요구를 만족할 수 있을 정도의 부수가 원본에서 복제되어 일반 공중에게 제공되어야 하는 것은 아니며, 원본이 공개되어 그 복사물이 공중의 요구에 의하여 즉시 교부될 수 있으면 간행물로 인정될 수 있다.

▶ **PBP 청구항 특정**

제법한정 물건발명의 특허요건을 판단함에 있어서 그 기술적 구성을 제조방법 자체로 한정하여 파악할 것이 아니라 제조방법의 기재를 포함하여 청구항의 모든 기재에 의하여 특정되는 구조나 성질 등을 가지는 물건으로 파악하여 출원 전에 공지된 선행기술과 비교하여 신규성, 진보성 등이 있는지 여부를 살펴야 한다. 제법한정 물건발명에서 제조방법이 물건의 구조나 성질 등에 영향을 주는 경우에는 제조방법에 의해 특정되는 구조나 성질 등을 가지는 물건으로 신규성을 판단한다. 반면에 물건발명 청구항 중에 제조방법에 의한 기재가 있더라도 제조방법이 제조 효율 또는 수율에만 영향을 미치는 등의 경우와 같이 물건의 구조나 성질 등에 영향을 미치지 않았다면 제조방법을 제외하고 최종적으로 얻어진 물건 자체를 신규성 판단 대상으로 해석한다. 따라서 청구항에 기재된 제조방법과 다른 방법에 의해서도 동일한 물건이 제조될 수 있고, 그 물건이 공지인 경우라면 해당 청구항에 기재된 발명의 신규성은 부정된다.

▶ **상위개념, 하위개념의 관계에서의 신규성**

청구항에 기재된 발명이 상위개념으로 표현되어 있고 인용발명이 하위개념으로 표현되어 있는 경우에는 청구항에 기재된 발명은 신규성이 없는 발명이다. 청구항에 기재된 발명이 하위개념으로 표현되어 있고 인용발명이 상위개념으로 표현되어 있는 경우에는 통상 청구항에 기재된 발명은 신규성이 있다. 다만 출원시의 기술상식을 참작하여 판단한 결과 상위개념으로 표현된 인용발명으로부터 하위개념으로 표현된 발명을 자명하게 도출할 수 있는 경우에는 상위개념으로 표현된 발명을 인용발명으로 특정하여 청구항에 기재된 발명의 신규성을 부정할 수 있다.

▶ **진보성에서의 저해요인**

선행기술문헌이 그 선행기술을 참작하지 않도록 가르친다면, 즉 통상의 기술자로 하여금 출원발명에 이르지 못하도록 저해한다면 그 선행기술이 출원발명과 유사하더라도 그 선행기술문헌에 의해 당해 출원발명의 진보성이 부정되지 않는다.

▶ **진보성에서의 상업적 성공**

발명의 제품이 상업적으로 성공하였거나 업계로부터 호평을 받았다는 사정 또는 출원전에 오랫동안 실시했던 사람이 없었던 점 등의 사정은 진보성을 인정하는 하나의 보조적 자료로서 참고할 수 있다. 다만 이러한 사정만으로 진보성이 인정된다고 할 수는 없고, 상업적 성공이 발명의 기술적 특징으로부터 비롯된 것이 아니라 다른 요인, 예를 들어 판매기술의 개선이나 광고 선전 등에 의해 얻어진 것이라면 진보성 판단의 참고자료로 삼을 수 없다.

▶ **진보성에서의 장기간 미해결과제 해결**

출원발명이 장기간 통상의 기술자가 해결하려고 했던 기술적 과제를 해결하거나 장기간 요망되었던 필요성을 충족시켰다는 사실은 출원발명이 진보성을 갖는다는 증거가 될 수 있다.

▶ **다른 나라 심사례 취급**

발명의 진보성은 특허출원된 구체적 발명에 따라 개별적으로 판단되어지는 것이고 다른 발명의 심사예에 구애받을 것은 아니므로 법제와 관습을 달리하는 다른 나라의 심사예는 참고사항은 될 수 있으나 특허성 판단에 직접적인 영향을 끼치지는 않는다.

▶ **법률상 제한과 진보성 판단의 구분**

국내외 법률상의 제한으로 그 기술내용의 구현이 금지된다고 하더라도 기술의 곤란성을 판단함에 있어 그러한 법률상의 제한을 고려하지는 않는다.

▶ **신규성, 진보성 결여의 거절이유와 경합출원의 거절이유가 같이 있는 경우**

경합출원이 있더라도 이를 거절이유로 통지하거나 거론하지 않고 다른 거절이유를 들어 거절결정할 수 있다. 우리 특허법에서는 거절이유가 있으면 의견서 제출의 기회를 부여한 후 거절결정할 수 있음을 규정하고 있을 뿐, 모든 거절이유를 들어 거절하도록 강제하고 있지 않기 때문이다.

동일한 고안에 대하여 같은 날에 2 이상의 실용신안등록출원이 있으나 그 고안이 신규성이나 진보성을 결여한 경우, '출원인간의 협의절차 등'을 거치지 않고 한 거절결정은 적법하다.

▶ **신규성, 진보성 판단방법의 차이**

신규성 판단 시에는 청구항에 기재된 발명을 하나의 인용발명과 대비하여야 하며 복수의 인용발명을 결합하여 대비하여서는 안 된다. 복수의 인용발명의 결합에 의하여 특허성을 판단하는 것은 후술하는 진보성의 문제이며, 신규성의 문제가 아니다.

신규성과 진보성은 별개의 거절이유로서 진보성 판단에 앞서 신규성 판단이 선행되어야 하나, 심사절차의 간소화 및 출원인의 대응 용이성을 위해 신규성이 없다고 판단되는 발명에 대해서 진보성도 없다는 거절이유를 함께 통지할 수 있다.

특허발명의 진보성은 신규성이 있음을 전제로 하는 것이어서, 어느 발명이 공지기술에 비추어 새로운 것인가의 신규성 문제와 그것이 공지기술로부터 용이하게 생각해 낼 수 있는 것인가의 진보성 문제는 구별되어야 하고, 따라서 발명의 진보성을 판단하기 위해서는 먼저 그 발명의 신규성의 판단이 선행되는 것이 순서라고 할 것이다.

▶ **선택발명의 진보성 판단기준(2021년 개정)**
인용발명에 청구항 발명의 상위개념이 공지되어 있는 경우에도 구성의 곤란성이 인정되면 진보성이 부정되지 않는다. 인용발명에 청구항 발명의 상위개념이 공지되어 있다는 이유만으로 구성의 곤란성을 따져보지도 아니한 채 효과의 현저성 유무만으로 진보성을 판단해서는 안된다.

▶ **확대된 선원 지위**
임시명세서를 첨부하여 출원하고 전문 보정한 후 출원공개된 출원을 타출원으로 하는 경우 타출원의 최초명세서는 임시명세서이므로 임시명세서에는 기재되어 있지 않으나 전문 보정 등에 의하여 새롭게 추가된 발명에 대해서는 특허법 제29조 제3·4항이 적용되지 않는다.

▶ **확대된 선원 적용의 예외**
해당 출원의 발명자와 타출원의 발명자가 동일한 경우 발명자가 공동발명자인 경우는 당해출원 및 타출원의 발명자 전원이 표시상 완전히 일치할 것을 요한다. 그러나 표시 상 완전히 일치하지 않는 경우에도 실질적으로 동일한 발명자로 판단되면 발명자가 동일한 것으로 인정한다. 발명자가 표시상 완전히 동일하지 않을 경우에 출원인은 발명자가 동일하다는 사실을 입증하여야 한다.
해당 출원의 출원인과 타출원의 출원인이 동일한 경우 출원인의 동일 여부는 당해 출원의 실제 출원시점을 기준으로 타출원과 당해출원의 출원서에 기재된 출원인의 동일여부에 의해 판단한다. 만약 출원인이 2인 이상인 경우에는 전원이 완전히 일치하여야 한다.

▶ **불특허발명**
발명의 실시가 단순히 우리나라 법령에 의해 금지되고 있다는 이유만으로 공중의 위생에 해할 우려가 있는 발명이라고 할 수 없다.
(2021년 개정) 발명에 포함되는 식품의 원료가 인체 안전성이 의심되는 경우에는 안전성을 입증할 수 있는 자료의 제출을 출원인에게 요구하거나, 그 식품 원료의 안전성에 대해 식품의약품안전처에 문의할 수 있고, 그 결과를 참고하여 공중의 위생을 해할 우려가 있는 발명인지 판단할 수 있다.

4. SIDE 절차

/ 공지예외 /

▶ **의사에 의한 공지와 의사에 반한 공지의 절차상의 차이점**

특허를 받을 수 있는 권리자의 의사에 반하여 발명이 공지된 경우는 그 발명의 공지방법에 제한이 없다. 특허를 받을 수 있는 자의 의사에 반하여 공지된 경우에도 공지된 발명은 공지된 날부터 12개월 이내에 특허출원을 하여야 한다. 다만 특허를 받을 수 있는 권리를 가진 자가 발명을 공개한 경우와는 달리 출원서에 그 취지를 기재할 필요는 없다.

▶ **복수회 공지한 경우**

특허를 받을 수 있는 권리를 가진 자가 특허출원 전에 해당 발명을 복수 회에 걸쳐 공개한 경우 모든 공개행위에 대해서 공지예외 적용을 받기 위해서는 원칙적으로 각각의 공개행위에 대하여 특허법 제30조 규정의 적용을 받기 위한 절차를 밟아야 한다. 다만 특허법 제30조 제2항에서 말하는 '취지 기재' 란 '공지예외의 적용을 받고자 한다' 라는 취지 자체의 기재를 의미하고 반드시 출원서에 해당 공지사실을 특정해야만 취지 기재를 했다고 보는 것은 아니다. 따라서 출원시 출원서에 공지예외주장의 취지를 표시한 경우에는 출원서에 공지사실을 구체적으로 기재하고 있지 않더라도 출원일부터 30일 이내에 공지를 증명할 수 있는 서류를 제출하면 그 공지에 대하여 공지예외를 인정받을 수 있다. 한편 특정한 하나의 공개행위와 밀접 불가분의 관계에 있는 복수회에 걸친 공개일 경우에는 2 번째 이후의 공개에 대해서는 증명서류의 제출을 생략할 수 있으며 이 경우 특허법 제30조 제1항의 기간 12 개월의 기산일은 최선 공개일이다.

▶ **발명자가 상이한 경우 공지예외적용 불가**

특허법 제30조 제1항 제1호에 의한 공지가 있는 날과 특허출원일 사이에 제3자에 의하여 공지예외주장출원에 기재된 발명과 동일한 발명의 공개가 있는 경우 제3자에 의한 공지가 공지예외에 해당하는 공지에 의하여 지득한 발명의 공개라는 사실이 명백한 경우를 제외하고 그 공지예외주장출원은 신규성이 없는 것으로 하여 거절결정한다.

▶ **공지예외적용 사례**

발명이 공개된 후 12개월 이내에 동일 발명을 출원(A)하여 특허법 제30조의 규정에 의하여 공지예외주장 출원의 규정을 적용 받았고, 상기 출원일과 같은 날에 동일발명에 대하여 제3자가 출원(B)을 한 경우, A는 B 와의 관계에서는 특허법 제36조 제2항의 같은 날 출원된 동일 발명에 해당되어 협의 대상발명에 해당되고 B는 동시에 공개에 의하여 신규성이 상실된 발명에 해당된다. 따라서 B 출원은 특허법 제36조의 규정을 적용하지 않더라도 공개된 발명에 의하여 신규성이 없어 특허를 받을 수 없다. 이 경우 협의 명령에 따라 B를 취하 등의 적절한 조치를 취하는 경우 A는 특허를 받을 수 있다.

▶ **출원공개 등에 대한 취급**

특허를 받을 수 있는 권리를 가진 자가 특허출원 등을 함으로써 그 발명이 특허공보 등에 게재되어 공지된 경우에는 특허법 제30조의 규정이 적용되지 아니한다. 이는 특허를 받을 수 있는 권리자가 특허출원을 한 결과 그 발명이 특허공보 등에 게재되어 공지된 경우에, 특허공보 등에 의한 공개는 특허출원에 대한 절차의 일환으로 특허법 제64조 제1항의 규정에 의하여 특허청장이 공개하는 것이며, 특허를 받을 수 있는 권리를 가진 자의 적극적인 의사에 의하여 당해 발명을 간행물에 발표하는 것은 아니므로 이와 같은 경우에는 특허법 제30조 규정은 적용되지 않는다. 다만 출원된 발명이 공개가 있기 전에 취하 또는 무효로 되거나 거절결정이 확정되는 등 출원에 관한 절차가 종료된 후 특허청의 착오로 공개된 경우에는 본인의 의사에 반하는 공개로 보아 특허법 제30조의 규정을 적용할 수 있다.

▶ **공지예외적용과 우선권주장을 함께 밟는 경우 시기적 요건**

조약에 의한 우선권 주장을 수반하는 출원에 있어서 특허법 제30조 규정을 받기 위해서는 특허법 제30조 규정의 적용대상이 되는 행위를 한 날부터 12개월 이내에 우리나라에 출원하여야 한다. 그러나 국내 우선권 주장 출원에 있어서는 공지 등이 있는 날부터 12개월 이내에 공지예외의 적용 신청을 수반하여 선출원을 한 경우라면 후출원을 12개월 이내에 하지 않더라도 특허법 제30조의 적용을 받을 수 있다.

▶ **제3자 공개도 허용**

특허법 제30조 제1항 제1호 규정에 의한 공지예외주장규정을 적용받기 위한 공개행위는 그 발명의 공개가 특허를 받을 수 있는 권리를 가진 자의 적극적 공개행위뿐만 아니라 특허를 받을 수 있는 권리를 가진 자가 공개를 의뢰하여 제3자가 공개하는 행위나 제3자가 특허를 받을 수 있는 권리를 가진 자의 허락(묵시적 허락을 포함한다)을 받아 인용하는 공개행위 등을 포함한다.

/ 조약우선권주장 /

▶ **정규성**

조약우선권주장의 기초가 되는 제1국 출원이 최초의 정규의 출원으로 성립되었다면 제1국 출원의 계속 여부 즉, 출원의 무효, 취하, 포기 또는 특허여부의 확정 등은 우선권에 영향을 미치지 않는다.

▶ **최선성**

조약우선권주장의 기초가 되는 제1국 출원이 그 출원 전에 이루어진 다른 출원을 기초로 우선권주장을 하고 있는 경우, 제1국 출원에 기재된 발명 중 그 다른 출원에도 기재된 발명은 파리조약 제4조C(2)에서 말하는 최초 출원이라고 볼 수 없으므로 우선권 주장의 효과를 인정할 수 없다.

파리조약 제4조C(4)에 따라 최초출원(전출원)과 동일한 대상에 대하여 동일 당사국에 한 후속출원이 조약우선권주장에 있어서 최초출원으로 간주되는 경우가 있다. 후속출원이 최초출원으로 간주되기 위해서는 아래 요건을 모두 충족하여야 한다.

① 후속출원이 같은 국가에서 같은 대상에 대하여 출원되어야 한다.
② 후속출원이 출원되기 전에 전출원이 취하, 포기 또는 거절되어야 한다.
③ 전출원이 공개된 것이어서는 아니 된다.
④ 전출원이 어떠한 권리도 존속시켜서는 아니 된다.
⑤ 전출원이 같은 국가 혹은 타국에서 아직 우선권주장의 기초로 되지 않아야 한다.

▶ **조약우선권증명서류 번역문**

우선일과 조약우선권주장출원의 출원일 사이에 선행기술이 존재하는 등 심사를 위하여 필요한 경우 기간을 정하여 우선권증명서류의 번역문 제출을 요구할 수 있다.

▶ **조약우선권주장 주체적 요건(2021년 개정)**

제2국에 조약우선권주장을 할 수 있는 권리는 각기 다른 승계인에게 이전할 수 있다.

조약우선권주장의 기초가 되는 출원(선출원)의 출원인과 조약우선권주장출원(후출원)의 출원인은 후출원의 출원시점에서 동일해야 한다. 선·후출원인이 상호 동일하지 않은 경우에는 후출원의 출원인이 특허를 받을 수 있는 권리를 정당하게 승계받았는지 여부를 증명할 수 있는 자료를 제출하도록 보정명령할 수 있다.

공동출원인 경우에는 후출원인 모두가 선출원인과 완전히 일치되어야 한다. 그러나 선 후출원인이 상호 동일하지 않더라도 선출원인 모두가 후출원인에 포함된 경우에는 후출원의 공동출원인 사이에 권리승계와 관련된 별도의 계약이 있음을 충분히 예상할 수 있으므로 선출원인 외에 추가된 후출원인에 대하여 우선권 양도에 대한 별도의 서류를 요구할 필요가 없다.

반면 선출원인의 일부가 후출원인에서 제외되는 경우에는 제외된 선출원인과 후출원인 간의 권리승계에 대해 확인할 필요가 있으므로 보정명령을 통해 관련 서류 제출을 요구할 수 있다.

/ 분할출원 /

▶ **재분할출원 허용**

원출원(A출원)을 기초로 분할출원(B출원)을 하고 다시 B출원을 기초로 분할출원(C출원)하는 것은 허용된다.

▶ **분할출원의 주체적 요건**

분할출원을 할 수 있는 권리를 가진 자는 원출원을 한 자 또는 그 승계인(원출원인)이다. 공동출원의 경우에는 원출원과 분할출원의 출원인 전원이 일치하여야 한다.

▶ **분할출원과 중복특허**

일반적으로 분할출원할 때는 원출원에 대하여 보정서를 제출하여 원출원과 분할출원의 청구범위에 기재된 발명을 다르게 하여야 하나, 분할출원의 청구범위에 기재된 발명이 원출원의 발명의 설명이나 도면에만 기재되어 있고 청구범위에 기재되어 있지 않은 경우에는 원출원을 보정하지 않아도 된다.

▶ **분할출원과 + α**

원출원시 공지예외주장을 하지 않았더라도 분할출원시 적법한 절차를 준수하여 공지예외주장을 하였다면, 원출원이 공지일로부터 12개월 이내에 이루어진 경우 그 공지예외주장을 인정하도록 한다(변경출원, 분리출원, 국내우선권주장출원 동일).

원출원시 우선권주장을 하지 않았다면 분할출원시 이와 같은 주장을 하는 것은 인정되지 않는다(변경출원, 분리출원 동일).

원출원시 우선권주장을 했다면 분할출원에 대해서도 분할출원한 때에 우선권주장을 한 것으로 인정되고, 원출원에 대해 우선권주장에 필요한 증명서류가 제출된 경우에는 분할출원에 대해서도 해당 증명서류가 제출된 것으로 인정된다(분리출원 동일).

/ 변경출원 /

▶ **변경출원 기간**

최초의 거절결정등본을 송달받은 날부터 3개월이 경과한 후에는 그 거절결정이 재심사청구 또는 심결에 의해 취소되었다거나 그에 따라 거절결정등본을 다시 송달받아 3개월 이내라고 하더라도 변경출원을 할 수 없다. 재심사 청구 등에 따른 거절결정의 취소로 최초로 거절결정등본을 송달받은 사실이 없어지는 것은 아니기 때문이다.

/ 분리출원 /

▶ **분리출원 기간**

분리출원의 기초가 되는 원출원에 관한 절차가 분리출원 당시에 특허청 및 특허심판원에 계속 중이어야 한다. 따라서 원출원이 무효, 취하 또는 포기되거나 심판청구의 취하에 의해 거절결정이 확정된 때에는 분리출원할 수 없다.

▶ **분리출원 취급**

분리출원의 최초 명세서에 청구범위를 적지 않거나 명세서 등을 국어가 아닌 언어로 적은 경우, 분리출원할 수 없는 자가 분리출원한 경우, 분리출원이 기간을 경과하여 제출되거나 원출원의 절차가 종료된 이후에 제출된 경우, 분리출원을 기초로 새로운 분리출원을 하는 경우에는 특허법 시행규칙 제11조 제1항 제5호의4, 제5호의5, 제7호, 제11호 위반으로 보아 소명기회를 부여한 후 이 기간 이내에 소명하지 못한 경우 분리출원서를 반려한다.

원출원에 기재되지 않은 발명을 분리출원하거나 분리출원의 청구범위에 적힌 청구항이 특허법 제52조의2 제1항 각 호에 해당하지 않는 경우에는 분리출원에 대하여 거절이유를 통지하고 제출된 의견서 또는 보정서에 의하여도 적법한 분리출원으로 인정할 수 없는 경우에는 거절결정한다.

/ 외국어출원 /

▶ **외국어로 작성 가능한 서류**

외국어특허출원이라도 출원서 및 요약서는 통상의 일반출원과 마찬가지로 국어로 작성해서 제출해야 한다.

▶ **국어번역문 미제출시 취급**

외국어명세서에 대한 국어번역문을 제출하지 않은 경우에는 출원인이 외국어특허출원을 취하한 것으로 본다.

도면(설명부분에 한정)에 대한 국어번역문을 제출하지 않은 경우는 명세서에 대한 국어번역문을 제출하지 않은 것과 달리 취하한 것으로 보지는 않지만, 도면의 기재요건 위반 등으로 보정 대상이 될 수 있다.

외국어로 적은 임시명세서를 첨부하여 출원한 경우에는 일정 기간 내에 임시명세서에 대한 국어번역문과 전문 보정서를 모두 제출하여야 한다. 이때 임시명세서에 대한 국어번역문을 제출한 경우에만 전문 보정을 할 수 있음에 주의하여야 한다.

▶ **국어번역문의 의의**

종전 특허법에서는 국제특허출원을 외국어로 출원하여 외국어 명세서등에 대한 국어번역문을 제출하면 그 국어번역문을 명세서등으로 간주하였다.

이와 달리 개정 특허법에 새롭게 도입된 외국어특허출원 제도(개정 이후 출원한 외국어 국제특허출원도 동일)에 따라 제출된 국어번역문은 명세서등으로 간주되는 것은 아니고, 출원인 편의 관점에서 외국어명세서등을 국어명세서등으로 전환하는 명세서 보정 효과를 갖는다.

또한, 국어번역문은 외국어명세서등과 동일한 내용으로 출원인이 제출한 것이기 때문에 특별한 사정이 없는 한 원문 신규사항 위반 판단의 기준이 되고, 이와 동시에 번역문 신규사항 위반 판단의 기준이 된다. 다만, 국어번역문에 오역이 있어 이를 정정한 경우에는 정정된 국어번역문이 명세서등을 보정할 수 있는 범위 기준이 된다.

▶ **오역정정의 의의**

국어번역문을 오역정정하더라도 심사대상 명세서등을 보정한 것은 아니고 국어번역문만을 정정한 것이다. 또한, 출원서에 최초로 첨부된 외국어로 적은 명세서 또는 도면(설명부분에 한정한다)에 대해 특허법 제42조의3 제2항에 따라 제출된 국어번역문은 명세서등의 보정 효과를 갖는 것과 달리 특허법 제42조의3

제6항에 따라 명세서등의 보정 기간에 오역정정된 국어번역문은 명세서 등의 보정 효과를 갖지 않는다.

5. 심사

▶ **심사청구**

심사청구는 하나의 출원에 한 번만 인정되며 취하할 수 없다. 특허출원인은 청구범위가 기재된 명세서가 출원서에 첨부되거나 외국어출원의 경우 제42조의3 제2항에 따른 국어번역문이 제출된 때에 한하여 출원심사의 청구를 할 수 있다.

▶ **심사청구 주체적 요건**

심사청구는 누구든지 할 수 있으므로 당해 출원에 대하여 이해관계를 가지지 않는 제3자도 출원의 심사청구를 할 수 있다. 법인이 아닌 사단이나 재단이라도 대표자나 관리인이 정해져 있는 경우에는 그 재단이나 사단의 이름으로 심사청구할 수 있다.

▶ **최초거절이유통지하는 경우**

심사가 착수된 이후 첫 번째의 거절이유통지는 자진 보정이 있었는지 여부에 관계없이 최초거절이유통지한다.

보정되지 않은 보정식별항목에 거절이유가 있는 경우에는 최초거절이유통지한다.

거절이유통지 후 보정된 발명의 설명 또는 청구범위에 존재하는 거절이유라고 하더라도 그 거절이유가 보정에 의해 발생된 것이 아니라 최초거절이유통지시에도 발명의 설명 또는 청구범위에 존재하던 거절이유라면 최초거절이유로 통지하여야 한다.

보정 외적인 요인에 의해 거절이유가 발생한 경우에는 최초거절이유통지로 하여야 한다. 예를 들어 심사에 착수하여 최초거절이유를 통지할 때에는 외국인으로서 권리능력에 관한 흠결이 없었으나 보정 이후 특허법 제25조에 따라 특허에 관한 권리를 향유할 수 없게 된 경우, 해당 거절이유는 거절이유통지에 대한 보정에 따라 발생한 거절이유가 아니므로 최초거절이유로 통지하여야 한다.

▶ **최후거절이유통지하는 경우**

거절이유가 거절이유통지에 대한 보정에 따라 발생된 것일 때에는 최후거절이유통지를 한다. 즉 거절이유통지에 대한 보정 전에는 존재하지 않았거나 심사할 필요가 없는 거절이유였으나 보정에 의해 새롭게 발생하였거나 심사할 필요가 생긴 거절이유에 대해서는 최후거절이유를 통지한다.

최후거절이유통지를 하여야 하는 구체적인 예는 다음과 같다.

① 명세서 또는 도면을 보정하여 신규사항이 추가된 경우, 기재불비가 새롭게 발생한 경우, 분할출원, 분리출원 또는 변경출원의 범위를 벗어나게 된 경우

② 심사가 이루어진 청구항을 보정하여 새롭게 신규성, 진보성 등에 관한 거절이유를 통지하게 된 경우

(예1) 아래 사례에서 신규성 또는 진보성을 위반으로 거절이유를 통지한 청구항 1을 보정하여 종전의 신규성이나 진보성 거절이유를 해소하였으나, 구성 D를 부가함으로써 D를 포함하는 선행기술을 추가로 인용할 필요가 생겼다면 이는 보정에 의해 발생한 거절이유이므로 최후거절이유를 통지한다.

보정 전 청구항 1 : 구성요소 A 및 B에 C를 부가한 장치

보정 후 청구항 1 : 구성요소 A 및 B에 D를 부가한 장치

③ 신설되거나 실질적으로 신설에 준하는 정도로 바뀐 청구항에 신규성, 진보성 등의 거절이유가 있는 경우

④ 청구항 기재의 현저한 기재불비 또는 신규사항의 추가 등으로 신규성 또는 진보성 등과 관련된 심사가 불가능했던 청구항을 보정한 후 다시 심사한 결과 신규성이나 진보성에 관한 거절이유를 발견한 경우

▶ **일부 보정사항에만 보정각하사유가 있는 경우**

복수의 보정사항을 포함하는 보정서가 제출된 경우, 그 보정은 불가분적인 하나의 보정으로 보정사항 전부를 일체로 보정인정 여부를 판단하여야 하므로 보정사항 중 어느 하나라도 특허법 제47조 제2항 및 제3항을 위반하거나 그 보정(청구항을 삭제하는 보정은 제외)에 따라 새로운 거절이유가 발생한 것으로 인정되면 그 보정서의 보정 전체를 각하하여야 한다.

▶ **보정각하의 예외**

최후거절이유통지에 대응해 제출된 보정을 각하하였다가 그 각하결정이 심결에서 취소된 경우, 보정각하결정에서 거론하지 않았던 각하 사유로서 거절결정불복심판 절차에서 심리·판단되지 않았던 사유를 발견한 경우에는 그 사유를 들어 다시 보정각하할 수 있는 것으로 해석되나, 특허법 제170조에서 거절결정불복심판 청구 전에 행해진 부적법한 보정에 대하여는 심판절차에서 보정각하하지 못하도록 하는 취지, 심사관이 간과하였던 사유를 다시 들어 보정각하하는 것은 출원인에게 불측의 손해를 줄 수 있는 점을 고려하여 보정을 다시 각하하지 않고 심사하는 것으로 한다.

▶ **후속절차 진행 후 보정각하 불가**

직권보정을 하는 경우, 직권 재심사를 하는 경우 및 재심사의 청구가 있는 경우, 그 전에 이루어진 보정이 보정각하 대상이었음에도 불구하고 심사과정에서 간과되었다면 이 보정사항은 보정각하여부를 판단함에 있어서는 제외되어야 한다.

▶ **보정각하하지 않고 직권보정하는 경우**

최후거절이유통지에 대한 의견서 제출기간의 보정 또는 재심사를 청구하면서 하는 보정이 특허법 제47조 제2항 및 제3항의 규정을 위반하거나 그 보정에 따라 새로운 거절이유가 발생한 것으로 인정되는 때에는 특허법 제51조 제1항에 따라 보정을 각하하여야 한다. 다만 새로운 거절이유가 직권보정이 가능한 사항이라면 심사관은 보정을 승인하고 이후 절차를 진행할 수 있다.

▶ **청구항 삭제보정에 대한 보정각하 예외**

'청구항을 삭제하는 보정에 의해 새로운 거절이유가 발생한 경우'에는 단순히 청구항을 삭제하는 보정을 하면서 그 삭제된 청구항을 인용하던 청구항에서 인용번호를 그대로 둠으로써 기재불비가 발생한 경우뿐만 아니라, 청구항을 삭제하는 보정을 하면서 그 삭제한 청구항을 직·간접적으로 인용하던 청구항에서 그 인용번호를 잘못 변경함으로써 기재불비가 발생한 경우나 삭제한 청구항을 그대로 두지 않고 항정리하면서 인용번호를 잘못 변경함으로써 기재불비가 발생한 경우도 해당하며, 청구항을 삭제하는 보정을 하면서 그 삭제된 항을 인용하던 종속항에서 2 이상의 항과 그 항 번호 사이의 택일적 관계에 대한 기재까지 누락함으로써 기재불비가 발생한 경우도 해당한다.

▶ **재심사청구 후 재심사청구가 가능한 경우**

특허결정서(심결등본 포함)나 거절결정서를 받지 않은 출원에 대하여 재심사를 청구한 경우, 재심사에 의해 다시 특허여부결정된 출원에 대해 재차 재심사가 청구된 경우, 분리출원에 대해 재심사가 청구된 경우 반려한다.
다만 재심사 후 다시 거절결정된 출원에 대한 거절결정불복심판에 의하여 취소 환송된 후에 다시 특허여부결정된 출원에 대하여는 재심사를 청구할 수 있다.

▶ **거절결정불복심판과 재심사청구의 택일**

거절결정불복심판이 청구된 출원에 대해서는 재심사를 청구할 수 없다. 재심사 청구와 거절결정불복심판이 같이 청구된 때에는 다음과 같이 취급한다.

① 심사청구서를 제출한 후 재심사청구 취지를 기재한 보정서를 제출한 경우
특허법 제67조의2 의 단서에서 거절결정불복심판이 청구된 경우에는 재심사를 청구할 수 없다고 규정하고 있는바, 특허법 시행규칙 제11조 제1항 제19호를 이유로 소명 기회를 부여하고 보정서를 반려한다. 이때 보정서를 반려받은 출원인은 특허법 제67조의2 제1항의 기간이 경과하지 않았다면 심판청구를 취하하고 보정하면서 재심사를 다시 청구할 수 있다.

② 재심사청구 취지를 기재한 보정서를 제출한 후 심판청구서를 제출한 경우
보정서 제출에 따른 보정 및 재심사청구 절차는 적법하므로 거절결정이 취소된 것으로 보고 재심사절차를 진행한다.

③ 심판청구서와 재심사청구 취지를 기재한 보정서가 동일자로 제출된 경우
심판청구서와 보정서의 제출 시점을 확정할 수 없는바, 출원인의 선택을 유도하기 위해 보정서가 늦게 제출된 것으로 보고 보정서에 대하여 반려이유를 즉시 통지한다. 반려이유통지서에서는 출원인이 거절결정불복심판이나 재심사 중 어느 하나를 선택할 수 있음을 상세히 설명하여야 한다. 출원인이 심판청구를 취하하는 경우에는 재심사청구가 유효한 것으로 보고 재심사절차를 진행하고, 반려 요청하는 경우에는 보정서를 즉시 반려한다.

④ 심판청구서와 재심사청구 취지가 기재되지 않은 보정서를 동일자에 제출한 경우
보정서에 재심사청구의 취지가 기재되지 않은바, 보정서는 보정이 가능한 기간 내에 제출된 것으로 볼 수 없으므로 이 법 또는 이 법에 의한 명령이 정하는 기간 이내에 제출되지 아니한 서류로 취급하여 소명 기회를 부여한 후 반려한다.

▶ **재심사청구 후 심사관의 심사**

재심사청구 시의 보정에 의해서도 이전에 지적한 거절이유가 해소되지 않은 경우 그 보정에 따라 새로운 거절이유가 발생한 것은 아니므로 보정은 인정하고 거절결정한다.

▶ **재심사청구 후 분할출원 등 제한**

재심사가 청구된 경우 종전에 이루어진 특허여부결정은 취소된 것으로 보므로 특허결정등본 또는 거절결정등본을 송달받은 날부터 3개월 이내에 할 수 있는 행위 즉, 거절결정에 대한 불복심판청구나 분할출원은 할 수 없다. 다만 분할출원은 재심사청구와 동시에 하거나 재심사 과정에서 거절이유통지에 따른 의견서 제출기간에 하는 것은 가능하다.

▶ **재심사청구하면서 복수회 보정한 경우**

특허법 제67조의2 제2항에서 재심사청구가 있는 경우 종전에 이루어진 특허결정 또는 거절결정은 취소된 것으로 보도록 규정하고 있다. 따라서 동일자로 재심사청구의 취지가 기재된 보정서가 복수 회 제출된 경우, 제2회째부터의 보정서는 보정이 가능한 기간 내에 제출된 보정서로 볼 수 없다.

▶ **직권재심사가 가능한 사안**

심사관은 특허결정된 특허출원에 관하여 배경기술 기재요건, 청구범위 기재방법 및 단일성 위배의 거절이유를 제외한 명백한 거절이유를 발견한 경우에 직권으로 특허결정을 취소하고 다시 심사할 수 있다. 여기서 명백한 거절이유란 특허결정된 특허출원이 무효될 가능성이 있다는 정도로는 부족하고, 그 거절이유로 인하여 특허결정된 특허출원이 무효될 것임이 명백한 경우에 한한다.

▶ **직권재심사 절차**

심사관은 취소를 통지한 날부터 가급적 신속하게 직권 재심사를 하게 된 명백한 거절이유를 최초의견제출통지서로 출원인에게 통지하여 의견서를 제출할 기회를 주어야 한다. 직권 재심사를 하여 취소된 특허결정 전에 통지한 거절이유로 거절결정하려는 경우에도 출원인에게 거절이유를 다시 통지하여 의견서를 제출할 기회를 주어야 한다.

▶ **직권재심사 한계**

특허출원인이 특허결정을 취소한다는 통지를 받기 전에 해당 특허출원이 설정등록되거나 취하·포기되었다면 특허결정의 취소는 처음부터 없었던 것으로 보고 직권 재심사를 할 수 없다.

▶ **후속 절차 진행 후 보정각하 불가**

직권 재심사하는 경우에 취소된 특허결정 전에 한 보정을 각하결정할 수 없다.

▶ **특허결정 후 정보제공 가능**

특허결정된 특허출원에 대하여 설정등록 전에 정보제공된 경우 심사관은 제출된 증거자료를 살펴서 특허결정된 특허출원에 명백한 거절이유가 있는지 살펴보아야 한다.

▶ 직권보정 가능 사안

특허법 제66조의2 에서 말하는 명세서, 도면 또는 요약서에 적힌 사항이 명백히 잘못된 경우란 통상의 기술자가 그 기재가 잘못되었다는 사실을 쉽게 인식할 수 있고, 명세서 등의 기재, 의견서 및 출원 당시의 기술상식을 참작하여 출원인의 당초 의도를 명확히 알 수 있어서 해당 보정이 어떻게 이루어질 것인지 쉽게 예측할 수 있는 사항을 의미한다.

▶ 직권보정 범위(2021년 개정)

특허무효심판이나 특허침해소송 단계 등에서 심판관 또는 법관이 특허발명의 보호범위를 정할 때, 직권보정이 특허법 제47조 제2항에 따른 범위를 벗어나거나 명백히 잘못되지 아니한 사항을 직권보정한 것으로 판단되는 경우 그 직권보정은 처음부터 없었던 것으로 본다(특허법 제66조의2 제6항). 직권보정을 처음부터 없었던 것으로 본다는 취지의 확정된 심결문이나 판결문 등에 근거하여 특허권자는 직권보정의 삭제 또는 취소 등의 정정의뢰가 가능하다.

▶ 직권보정의 취사선택

출원인은 직권보정 사항의 전부 또는 일부를 받아들일 수 없을 때에는 특허료를 납부할 때까지 의견서를 제출하여 심사관의 직권보정 통지에 대하여 직권보정 사항별로 취사선택을 할 수 있다.2

▶ 직권보정 후 재심사 진행되는 경우

출원인이 의견서를 제출한 경우 의견이 제출된 해당 직권보정 사항의 전부 또는 일부는 처음부터 없었던 것으로 간주된다. 이 경우 그 특허결정도 함께 취소된 것으로 보아, 심사관은 다시 심사하게 된다. 다만 요약서에 관한 직권보정사항의 전부 또는 일부만 처음부터 없었던 것으로 보는 경우는 특허결정이 취소된 것으로 보지 않는다.

▶ 직권보정 후 재심사할 때의 특이점

출원인이 직권보정 사항의 전부 또는 일부를 받아들일 수 없다는 의견서를 제출한 경우 심사관은 출원인이 받아들이지 않은 직권보정사항을 확인하고, 요약서에 관한 직권보정사항 이외의 직권보정사항을 받아들이지 않은 경우라면 다시 심사에 착수하여야 한다. 심사관은 다시 심사한 결과 거절이유를 발견할 수 없는 경우에는 특허결정 또는 실용신안등록결정을 하여야 한다. 심사관은 다시 심사한 결과 거절이유를 발견한 경우 출원인에게 의견제출의 기회를 부여하여야 한다.

▶ 후속 절차 진행 후 보정각하 불가

직권보정 전에 한 보정을 각하결정할 수 없다.

6. 우선심사

▶ 우선심사 주체적 요건

출원인은 물론 누구든지 우선심사를 신청할 수 있다. 다만 국가 또는 지방자치단체의 직무에 관한 출원에 대해서는 국가 또는 지방2자치단체만 우선심사 신청이 가능하다.

▶ 외국인의 우선심사

외국인의 출원인 경우에도 우선심사대상 출원에 포함되는 경우 우선심사신청을 인정하여 우선심사를 하며, 이때 외국인 출원에 대한 우선심사 여부는 내국인 출원과 동일한 기준에 따라 판단한다. 예를 들어 외국인이 출원한 발명이 공개된 후 제3자가 그 발명을 실시하고 있는 경우에는 "제3자 실시"를 이유로 한 우선심사신청은 인정되며, 출원인이나 실시권자 또는 실시권자로부터 실시허락을 받은 자가 그 발명을 실시하거나 실시준비 중인 경우 "자기실시"를 이유로 한 우선심사신청도 인정된다. 다만 출원인이 외국인인 경우의 실시는 우리나라 내에서의 실시를 의미하므로 외국에서 실시를 근거로 한 우선심사신청은 인정되지 않는다.

▶ 심사청구 후 우선심사신청 가능

우선심사는 심사청구가 되어 있는 출원을 대상으로 하므로 우선심사 신청인은 우선심사 신청전 또는 우선심사 신청과 동시에 심사청구를 하여야 한다.

▶ 우선심사사유의 구분

우선심사의 대상은 특허법 제61조 및 특허법 시행령 제9조에 규정되어 있으며, 특허법 제61조 제1호에서 출원공개가 우선심사의 필수요건인 제3자가 실시에 따른 우선심사 신청의 경우를 제외하고 자기 실시 등 나머지 우선심사 신청 대상들은 공개가 우선심사의 요건이 아니다.

▶ 우선심사여부 결정 방법

발명을 기준으로 우선심사 대상에 해당하는지를 판단하는 경우 우선심사 대상에 해당하는 발명은 반드시 청구범위에 기재되어야 한다. 따라서 우선심사 대상에 해당하는 발명이 발명의 설명에만 기재되어 있고 청구범위에 기재되어 있지 않다면 우선심사 대상으로 인정할 수 없다. 우선심사 여부 결정은 우선심사결정시까지 보정된 청구항을 기준으로 판단한다.

▶ 녹색기술 사유

녹색기술과 직접 관련된 특허출원은 기존 우선심사 대상이었던 공해방지에 유용한 특허출원을 포함한다. 한편 공해방지에 유용한 실용신안등록출원은 실용신안법시행령 제5조 제2호에 우선심사 대상으로 지정되어 있다.

녹색기술 관련 우선심사는 특허출원만 해당하고 실용신안등록출원은 해당하지 않으며, 공해방지 관련 우선심사는 특허출원 및 실용신안등록출원이 모두 해당한다.

▶ PPH 사유

특허청장이 외국 특허청장과 우선심사하기로 합의한 특허출원은 다음과 같다.

이유	요건
일본	1. 일본에 최초로 특허출원을 한 후 동일발명을 대한민국에 특허출원한 경우 2. 일본 특허출원과 관련되어 외국특허청 또는 정부간 기구로부터 입수한 선행기술조사보고서가 있는 경우
기타 합의한 국가	1. 대상국가 등의 특허출원(대응출원)에 가장 최근의 심사 통지서에서 특허가능하다고 판단한 청구항이 있는 경우 2. 대한민국에 출원한 특허출원의 모든 청구항이 대응출원에서 특허가능하다는 판단을 받은 청구항과 동일하거나, 특허가능하다는 판단을 받은 청구항을 한정 또는 그 청구항에 부가하여 청구범위를 감축한 경우
기타 합의한 국가에서 국제조사 또는 국제예비심사가 수행된 국제출원	1. 대상국가 등에서 국제조사나 국제예비심사가 수행된 국제출원(대응국제출원)에 국제단계의 심사에서 신규성, 진보성 및 산업상 이용가능성이 모두 있다고 판단을 받은 청구항(특허요건 인정 청구항)이 있는 경우 2. 해당 특허출원의 모든 청구항이 대응국제출원의 특허요건 인정 청구항과 동일하거나, 특허요건 인정 청구항을 한정 또는 그 청구항에 부가하여 청구범위를 감축한 경우

7. 허가 등에 따른 특허권의 존속기간의 연장

▶ 연장대상

① 하나의 특허에 포함된 복수의 유효성분에 대하여 복수의 허가가 있는 경우 복수의 허가 중에서 하나를 선택하여 1회에 한해 존속기간 연장이 가능하다.

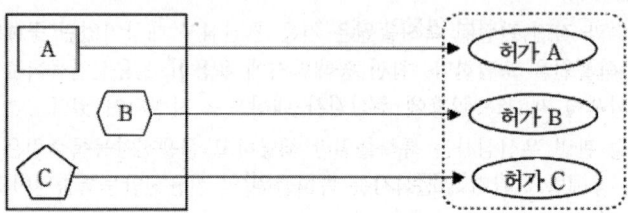

예를 들어, 하나의 특허와 관련하여 연장등록출원의 대상이 되는 유효성분 A, B 및 C에 대하여 각각 허가 A, B 및 C를 받았다면 각 유효성분 중에서 연장 받고자 하는 허가 하나만을 선택하여 1회에 한해 연장등록출원 할 수 있다.

② 동일 유효성분에 대하여 복수의 허가가 있는 경우 최초의 허가에 한해 존속기간의 연장이 가능하다.

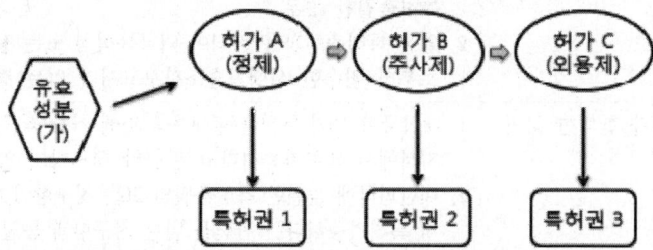

예를 들어, 연장등록출원의 대상이 되는 유효성분 (가)에 대하여 제품허가 A, 제형변경허가 B 및 제형변경허가 C를 받았다면 그 최초 허가인 제품허가 A로서 유효성분 (가)의 실시가 가능해지므로, 최초 허가인 A에 기초한 특허권 1에 1회만 연장등록출원이 가능하다.

③ 하나의 허가에 대하여 복수의 특허가 관련된 경우 허가와 관련된 특허 각각에 대하여 존속기간 연장이 가능하다.

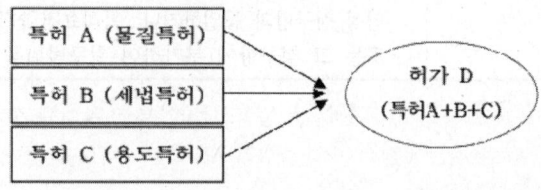

예를 들어, 허가 D를 받은 의약품의 유효성분에 관한 물질특허, 제조방법특허 및 용도특허가 각각 있는 경우 이들 특허발명의 실시에 그 허가를 받을 필요가 있다고 인정되는 경우 그와 관련된 특허 A, B 및 C에 대해 각각 연장등록출원이 가능하다.

▶ **허가 등에 따른 존속기간연장의 제한**

특허발명의 실시를 위한 허가나 등록에 5년 이상이 소요된 경우라도 특허권의 존속기간을 5년 이상 연장할 수는 없다.

▶ **허가 등에 따른 존속기간연장 기간 산정 방법**

기간을 산정할 때에는 특허권 설정등록일 이후의 임상시험기간과 허가신청 관련서류의 검토기간만을 고려한다. 임상시험기간은 '최초 피험자 선정일로부터 최종 피험자 관찰기간 종류일' 까지의 기간이고, 허가신청 관련서류의 검토기간은 '품목허가신청 접수일로부터 품목허가승인을 알게 된 날' 까지의 기간으로서, 그 중 허가 등을 받은 자의 책임 있는 사유로 발생한 보완기간은 제외한다. 한편 해당 관청의 심사부서 중 어느 한 부서의 보완요구로 인하여 보완기간이 소요되었다 하더라도, 다른 부서에서 허가를 위한 심사 등의 절차가 계속 진행되고 있었던 경우에는 그 보완기간 중 다른 부서에서 심사가 진행되고 있는 기간과 중첩되는 기간에 관한 한 허가등을 받은 자의 책임 있는 사유로 인하여 허가가 지연되었다고 볼 수 없으므로 위 중첩되는 기간은 그 특허발명을 실시할 수 없었던 기간에서 제외할 수 없다.

▶ **연장신청기간이 연장가능기간보다 짧은 경우**

연장신청 기간에 대한 산정이 다소 잘못된 경우라도 전체적으로 연장받을 수 있는 기간을 초과하지 않는 경우에는 거절이유를 통지하지 않고 그대로 인정한다.

▶ **연장등록출원 출원인**

특허권존속기간연장등록출원인은 연장등록출원 당시의 특허권자이어야 한다. 따라서 그 특허권의 전용실시권자 또는 통상실시권자라 하더라도 연장등록출원인이 될 수는 없다.

▶ **보정가능사항**

연장등록출원인 내용 중 보정할 수 있는 사항으로는 특허법 제90조 제6항에 따라 ① 연장대상 청구범위의 표시, ② 연장신청의 기간, ③ 특허법 제89조의 허가 등의 내용 및 ④ 산업통상자원부령이 정하는 연장이유로 제한된다. 따라서 연장등록출원인을 변경하는 보정, 연장대상이 되는 특허권의 특허번호를 변경하는 보정은 자명한 오기를 바로 잡는 경우를 제외하고는 허용되지 않는다.

8. 등록지연에 따른 특허권의 존속기간의 연장

▶ 출원인 귀책사유로 인한 지연 예제

출원인으로 인하여 지연된 기간의 유형들 중 주요한 것은 아래와 같다.

(1) 출원인이 심판 청구기간 또는 특허에 관한 절차의 지정기간을 연장한 경우

거절결 단축된 만큼의 기간은 '출원인으로 인하여 지연된 기간'에 포함정불복심판의 청구기간 또는 특허청장, 심사관 등이 정한 지정기간을 출원인이 연장함으로써 절차의 진행이 지연된 것이므로 그 연장된 만큼의 기간은 출원인으로 인하여 지연된 기간이 된다. 출원인이 기간을 연장한 후에 다시 단축한 경우에는되지 않는다.

(2) 출원인의 사유로 심사, 심판 등 특허에 관한 절차가 중단 또는 중지된 경우

예를 들어 출원계속 중 출원인이 사망한 경우, 출원인이 사망하여 절차가 중단된 날부터 상속인이 절차를 수계한 날까지의 기간은 출원인으로 인하여 지연된 기간이 된다.

(3) 특허법 제36조 제6항에 따라 협의결과를 신고할 것을 명한2 경우

동일한 발명에 대하여 같은 날에 2 이상의 특허출원이 있어서 특허청장이 특허출원인에게 기간을 정하여 협의의 결과를 신고할 것을 명한 경우에 그 지정기간은 '출원인으로 인하여 지연된 기간'이 된다. 출원인이 청구에 의하여 그 지정기간을 단축한 경우에는 단축된 만큼의 기간은 '출원인으로 인하여 지연된 기간'에 포함되지 않는다.

(4) 외국어특허출원에서 오역정정서를 제출한 경우

출원인이 특허법 제42조의3제6항에 따라 최종 국어번역문의 잘못된 번역을 정정하는 오역정정서를 심사청구일로부터 8개월 후 제출하는 경우에는 심사청구일 후 8개월이 되는 날의 다음날부터 최종 국어번역문 오역정정서를 마지막으로 제출한 날까지의 기간은 '출원인으로 인하여 지연된 기간'이 된다.

(5) 특허청장이 특허법 제46조에 따라서 방식 흠결 등에 대한 보정을 명하거나 특허법 제203조 제2항에 따라서 특허법 제203조 제1항의 서면에 대한 보정을 명하거나, 심판장이 심판청구서나 심판에 관한 절차의 방식 흠결 등에 대한 보정을 명한 경우

출원인 등이 법령이 정한 방식에 맞지 않는 서류를 제출하거나 수수료를 납부하지 않아서 보정을 명하게 된 것이므로, 이러한 보정을 명하면서 지정한

기간은 '출원인으로 인하여 지연된 기간'이 된다. 다만 특허법 제46조에 따른 보정명령이나 제203조 제2항에 따른 보정명령과 그에 따른 후속절차가 심사청구 전에 완료되어 이로 인하여 등록지연이 발생하였다고 볼 수 없는 경우에는 보정을 위한 지정기간은 '출원인으로 인하여 지연된 기간'에 해당하지 않는다. 한편 보정명령이 착오 등에 의한 것이어서 출원인 등이 보정을 하지 않고도 특허청장 또는 심판장이 다시 판단하여 방식 흠결 등이 없는 것으로 인정한 경우에는, 보정을 명하면서 지정한 기간은 '출원인으로 인하여 지연된 기간'에 해당하지 않는다.

(6) 출원이 국내우선권주장의 기초가 되었다가 그 우선권주장이 취하되거나 취하간주된 경우

출원이 특허법 제55조 제1항에 따른 국내우선권주장의 기초출원이라는 이유로 심사보류되었다가 그 우선권주장이 취하되거나 우선권주장이 특허법 제56조 제3항에 따라 취하간주되어 심사보류가 해제된 경우에는 그 심사보류되었던 기간은 '출원인으로 인하여 지연된 기간'이 된다.

(7) 우선심사여부의 결정이 출원인으로 인하여 지연된 경우

우선심사신청서나 그 첨부서류에 보완사항이 있어서 우선심사결정업무 담당자가 기간을 정하여 보완 등을 명한 경우에 그 지정기간은 '출원인으로 인하여 지연된 기간'이 된다. 다만, 보완 등을 명하였지만 출원인이 보완서를 제출하지 않고도 우선심사결정업무 담당자가 다시 판단한 결과 보완사항이나 흠결이 없는 것으로 인정한 경우에는 그 지정기간은 '출원인으로 인하여 지연된 기간'에 해당되지 않는다.

(8) 특허법 제63조에 따라서 심사관이 거절이유를 통지하고 의견서 제출기회를 준 경우

출원인이 특허받을 수 없는 발명을 출원하거나 명세서를 불비하게 작성하거나 출원인에 관한 요건을 충족하지 못하여 거절이유를 통지하는 경우에는 그 의견서제출기간은 '출원인으로 인하여 지연된 기간'이 된다. 다만 심사관이 거절이유를 통지한 후에 출원인이 명세서 또는 도면의 보정이나 다른 출원의 취하·포기 또는 출원의 이전 등 거절이유를 해소하기 위한 별도의 조치 없이 의견서나 소명서의 제출만으로 심사관이 거절이유가 해소된 것으로 판단하고 특허결정한 경우에는 그 의견서제출기간은 '출원인으로 인하여 지연된 기간'에 해당되지 않는다. 특허법 제170조에 따라서 특허법 제63조를 준용하여 심판관이 거절이유를 통지하고 의견서 제출 기회를 준 경우에도 위의 사항이 동일하게 적용된다.

(9) 특허결정등본을 송달받은 날 후에 특허료를 납부한 경우

특허결정등본을 송달받은 날부터 출원인이 특허료를 납부(납부기간이 경과

한 후에 추가납부하거나 일부를 납부하지 아니하여 보전하거나 특허법 제81조의3 제1항에 따라 납부 또는 보전한 경우를 포함한다)하여 특허권이 설정등록된 날까지의 기간은 '출원인으로 인하여 지연된 기간'이 된다. 특허법 제83조에 따라 출원인이 특허료를 면제받은 경우에는, 특허결정등본을 송달받은 날부터 출원인이 특허법 제83조 제3항에 따라 산업통상자원부령으로 정하는 서류를 제출하여 특허료를 면제받은 날까지의 기간을 '출원인으로 인하여 지연된 기간'으로 본다.

⑽ **재심사를 청구한 경우**

재심사 청구된 특허권에 대하여 존속기간을 연장하는 경우에는 특허법 제67조 제2항에 따른 특허거절결정의 등본을 송달받은 날부터 재심사에 따른 특허여부의 결정을 한 날까지의 기간이 '출원인으로 인하여 지연된 기간' 이 된다.

⑾ **서류의 송달이 출원인으로 인하여 지연된 경우**

송달을 받을 출원인이나 대리인의 주소 또는 영업소가 불분명하여 서류의 송달이 지연되었다면 그 송달이 지연된 기간은 '출원인으로 인하여 지연된 기간'이 된다. 예를 들어 출원인이 변경된 주소를 특허청에 신고하지 않아서 거절결정등본이 반송되고 심사관이 행정정보공동이용 시스템 등을 이용하여 출원인의 주소를 확인하고 재차 거절결정등본을 발송한 끝에 출원인이 이를 송달받았다면, 처음부터 변경된 주소로 거절결정등본을 발송하였다면 출원인이 이를 받을 수 있었던 날부터 실제로 출원인이 거절결정등본을 송달받은 날까지의 기간은 '출원인으로 인하여 지연된 기간'이 되는 것이다.

⑿ **특허출원의 심사를 위해 반드시 제출하여야 하는 서류 등을 제출한 경우**

특허법시행령 또는 산업통상자원부령에 따라 반드시 제출하여야 하는 서류 등(미생물에 관계되는 발명에 대한 특허출원의 경우 특허법시행령 제2조 제2항에 따른 미생물의 기탁 사실을 증명하는 서류, 특허법 제30조 제3항 제1호에 따라 같은 조 제1항 제1호를 적용받으려는 경우 그 증명서류, 특허법 제54조 제3항에 따라 우선권을 주장한 경우 같은 조 제4항에 따른 서류 또는 서면, 핵산염기 서열 또는 아미노산 서열을 포함한 특허출원의 경우 산업통상자원부령에서 정하는 형식에 따른 서열목록을 말한다)을 심사청구일로부터 8개월이 되는 날까지 제출하지 않은 경우에는 심사청구일 후 8개월이 되는 날의 다음날부터 그 서류 등을 제출한 날까지의 기간은 '출원인으로 인하여 지연된 기간' 이 된다.

⒀ **출원인의 신청에 의하여 특허출원에 대한 심사를 유예한 경우**

출원인이 특허출원에 대한 심사를 유예신청하여 심사가 유예된 경우에는 유예신청을 한 날부터 유예희망시점(유예희망시점이 변경된 경우에는 그 변경된 유예희망시점을 말한다)까지의 기간은 '출원인으로 인하여 지연된 기간'이 된다. 다만, 심사유예신청을 취하한 경우에는 심사의 유예를 신청한 날부터 심사유예신청을 취하한 날까지의 기간만 '출원인으로 인하여 지연된 기간'으로 볼 수 있다.

▶ **출원인 귀책사유로 인한 지연 중 특이취급**

특허법 시행령 제7조의2 제2항에 따라서 같은 영 같은 조 제1항에 따른 출원인으로 인한 지연기간에서 제외되는 경우는 ⅰ) 출원의 심사청구 전에 발생하여 등록지연에 영향을 미치지 않은 경우, ⅱ) 보정명령이나 통지가 특허청등의 착오에 의한 것인 경우, ⅲ) 천재지변 등 출원인 이외의 원인으로 지연된 경우를 들 수 있다.

ⅰ) 에 해당하는 예로는 법 제46조에 따른 보정명령이 있었더라도 이러한 보정명령과 그에 따른 후속절차가 심사청구 전에 완료되어서 등록지연에 영향을 미치지 않은 경우, 국내우선권주장의 선출원에 대하여 그 우선권주장이 취하되었으나 선출원에 대하여 심사청구되지 않았던 경우가 있다. ⅱ) 에 해당하는 예로는 천재지변으로 인하여 출원인에게 장애가 생겨 절차가 중지된 경우가 있다.

▶ **등록지연에 따른 연장기간산정 예시**

일자	내역
2013. 1. 1.	특허출원
2015. 1. 1.	심사청구
2016. 10. 1.	의견제출통지서 발송
2016. 12. 1.	기간연장신청(2개월)
2017. 2. 1.	보정서 및 의견서 제출
2017. 8. 1.	특허거절결정 등본 송달
2017. 8. 31.	법정기간 연장 신청
2017. 9. 30.	재심사 청구
2017. 11. 1.	특허거절결정 등본 송달
2017. 12. 1.	거절결정불복심판청구
2018. 8. 1.	거절결정불복심판청구 인용 심결
2018. 10. 1.	특허결정 등본 송달
2019. 1. 1.	특허료 납부(특허권 설정등록)

특허출원일로부터 4년이 되는 날(2017. 1. 1.)보다 출원심사를 청구한 날로부터 3년이 되는 날(2018. 1. 1.)이 더 늦으므로 지연된 기간 계산의 기준일은 2018. 1. 1. 이 되고, 그 기준일로부터 특허료를 납부하여 설정등록이 있는 날(2019. 1. 1.)까지의 기간은 365일이다. 한편 심사관의 거절이유통지로 인한 의견제출기간(123일, 2016. 10. 1. ~ 2017. 2. 1.), 재심사 청구로 인한 지연기간(92일, 2017. 8. 1. ~ 2017. 11. 1.) 및 특허결정의 등본을 송달받은 날 후 특허료를 납부하여 설정등록이 있는 날까지의 지연기간(92일, 2018. 10. 1. ~ 2019. 1. 1.)은 출원인으로 인하여 지연된 기간(123+92+92=307일)이다. 따라서 연장등록 가능한 기간은 총 지연기간(365일)에서 출원인으로 인하여 지연된 기간(307일)을 제외한 58일이다.

9. 특허취소신청
▶ 특허취소신청과 특허무효심판 대비

	특허취소신청	특허무효심판
제도 취지	특허권의 조기 안정화	당사자간의 분쟁해결
절차	결정계 절차 (특허청과 특허권자)	당사자계 절차 (심판청구인과 특허권자)
청구인 적격	누구나	이해관계인 또는 심사관
신청/청구 기간	설정등록일부터 등록공고 후 6개월까지(권리 소멸 후에는 불가)	설정등록 후 언제나(권리 소멸 후에도 가능)
취하	청구항 별로 가능 결정등본이 송달되기 전(취소이유 통지 후에는 불가능)	청구항 별로 가능 심결이 확정되기 전(답변서 제출 후에는 상대방의 동의 필요)
취소/무효이유	신규성, 진보성, 확대된 선원, 선원	신규성, 진보성, 기재불비, 모인출원, 공동출원위반, 권리향유위반, 조약위반 등
심리방식	서면심리	서면심리 및 구술심리
복수 사건의 심리	원칙 병합 심리	원칙 사건별 심리
결정/심결	취소결정(취소결정 전에 취소이유통지), 기각결정 또는 각하결정	무효심결, 기각심결 또는 각하심결

불복 소제기	취소결정, 신청서 각하결정에 대해서는 특허청장을 피고로 특허법원에 불복 기각결정, 합의체의 각하결정에 대해서는 불복불가	청구서 각하결정에 대해서는 특허청장을 피고로 특허법원에 불복 청구인 및 피청구인 모두 상대방을 피고로 하여 특허법원에 제소 가능

▶ **특허취소신청 기간**

특허권, 실용신안권이 소멸된 후에는 취소신청을 할 수 없다. 무효심판에서는 특허권, 실용신안권이 소멸된 이후에도 청구할 수 있다는 규정이 있으나, 취소신청에서는 관련 규정이 없으므로 특허권, 실용신안권이 소멸된 후에는 신청할 수 없는 것으로 해석된다. 특허권 소멸 후의 특허취소신청에 대해서는 그 흠을 보정할 수 없는 부적법한 신청으로서 합의체가 결정으로 특허취소신청을 각하한다. 특허취소신청이 있은 후 특허권이 소급적으로 소멸한 경우에도 그 흠을 보정할 수 없는 부적법한 신청으로서 합의체가 결정으로 각하한다. 다만 특허취소신청이 먼저 신청된 후 권리소멸사유 발생시점부터 권리가 소멸하는 이유(권리 포기, 후발적 무효사유에 의한 특허무효 등)에 의해 특허권이 소멸한 경우에는 취소결정의 소급효에 의해 권리의 설정등록시부터 권리소멸시까지의 특허권의 효력을 없앨 수 있는 실익이 있으므로, 특허취소신청을 각하하지 않고 심리를 진행하여 취소신청에 대한 결정을 한다.

▶ **특허취소사유**

특허취소신청의 이유는 제132조의2 에 규정된 이유에 한정되며, 그 이외의 것을 이유로 하여 특허취소신청을 할 수 없다.

1) 제29조에 위반된 경우 : 신규성, 진보성 및 확대된 선원
2) 제36조 제1항부터 제3항까지의 규정에 위반된 경우 : 선원

신규성, 진보성의 위반의 근거로 사용되는 선행기술은 서면 또는 전기통신회선을 통하여 공개된 자료에 한정되며, 특허법 제29조 제1항 제1호에 규정된 공지·공연 발명은 제외된다. 특허공보에 게재되고, 심사과정에서 거절이유로 사용된 선행기술에만 기초하여 특허취소신청을 할 수 없다. 그러나 다른 선행기술과 결합하여 진보성을 부정하는 근거로는 사용될 수 있다.

▶ **특허취소신청의 이익이 없는 경우**

특허취소신청의 이유 및 증거가 없거나 현저하게 불비하여 실질적으로 이유가 없다고 판단되는 경우, 합의체가 결정으로 특허취소신청을 각하한다.

▶ **특허취소신청 주체적 요건**

특허취소신청은 이해관계인으로 한정되지 않고 누구든지 할 수 있다. 구체적으로 자연인, 법인 및 법인이 아닌 사단 또는 재단으로서 대표자 또는 관리인이 정해져 있는 것이 해당된다.

▶ **보조참가**

특허에 대한 권리를 가진 자(전용실시권자, 통상실시권자 등) 또는 특허권에 관한 이해관계를 가진 자는 특허권자를 보조하기 위해 참가할 수 있다. 보조참가만 허용되고 당사자참가는 허용되지 않는다. 특허취소신청인 측의 참가는 허용되지 않는다.

▶ **특허취소신청 기간 경과시 취급**

누구든지 특허권의 설정등록일부터 등록공고일 후 6개월이 되는 날까지 특허취소신청을 할 수 있다. 이 기간이 경과한 특허취소신청에 대해서는 소명기회를 준 후 반려한다.

▶ **본안심리**

본안심리는 특허취소신청 기간이 경과한 후에 개시한다. 복수의 특허취소신청이 있을 때는 원칙적으로 심리를 병합하고 합의체는 모든 신청이유를 정리하여 한꺼번에 심리한다. 특허취소신청 기간 경과 전이라 하더라도 특허권자가 서면으로 심리개시를 신청하는 경우에는 심리를 개시할 수 있다. 한편 특허취소신청인은 심리개시신청을 할 수 없다.

▶ **직권심리 등**

신청인이 제출한 이유 및 증거를 바탕으로 심리하지만, 신청인이 제출하지 않은 이유에 대해서도 직권으로 심리할 수 있다. 또한 신청인이 제출하지 않은 증거를 채택하는 것도 가능하다.

▶ **구술심리 제외**

특허취소신청에 대한 심리는 모두 서면심리로 한다.

▶ **본안심리의 결정계적 성격**

특허취소신청에 대한 심리는 특허취소신청인이 제출한 취소이유 및 증거에 대해 특허권자가 답변하는 것이 아니라, 심판장이 통지한 취소이유에 대해 특허권자가 의견서 등을 제출함으로써 진행된다. 합의체가 심리하여 특허취소신청이 이유 있다고 판단했을 때에는 특허권자 및 참가인에게 취소이유를 통지하고, 기간을 지정하여 의견서 제출 및 정정의 기회를 준다. 특허를 유지해야 한다고 판단했을 때는 곧바로 기각결정을 한다.

▶ **특허취소결정의 효력**

취소 결정이 확정됐을 때는 특허권은 처음부터 존재하지 않았던 것으로 본다. 특허취소신청에 있어서는 무효심판의 심결에 대한 일사부재리의 규정과 같은 규정은 마련되지 않아 일사부재리 효과는 발생하지 않는다. 또한 특허취소신청과 무효심판과의 사이에 있어서도 일사부재리 효과는 발생하지 않는다.

▶ **정정심판청구시기 제한**

특허취소신청이 심판원에 계속중인 경우 그 결정이 확정될 때까지는 정정심판을 청구할 수 없으나, 특허취소신청 전에 정정심판이 청구되거나, 무효심판의 심결 또는 정정무효심판의 심결에 대한 소가 특허법원에 계속 중일 경우에는 특허법원에서 변론이 종결될 때까지 정정심판을 청구할 수 있으므로, 특허취소신청과 정정심판이 심판원에 동시에 계속 중인 경우가 발생할 수 있다.

PART 04

판례색인

대법원 판결

대판 1991.3.27. 90후373 ·············· 79
대판 1995.11.7. 94누10061 ··········· 72
대판 2000.6.9. 98두2621 ··············· 72
대판 2002.6.14. 2000후1238 ·········· 77
대판 2006.4.13. 2003다70331 ········ 80
대판 2006.8.24. 2004후905 ····· 81, 82
대판 2006.11.24. 2003후2072 ········ 83
대판 2009.10.15. 2008후736·743
·· 98
대판 2009.11.12. 2007후3660 ········ 84
대판 2010.8.19. 2008후4998 ······· 101
대판 2011.6.9. 2010후2353 ············ 76
대판 2011.7.14. 2010후2865 ·········· 85
대판 2011.9.29. 2010다65818 ········ 84
대판 2011.10.13. 2010후2582 ····· 100
대판 2012.4.26. 2011후4011 ·········· 77
대판 2012.12.27. 2011다67705·67712
·· 67
대판 2012.12.27. 2011후3230 ········ 83
대판 2014.7.24. 2012후1613 ·········· 83
대판 2016.5.26. 2014후2061 ······· 100
대판 2016.11.25. 2014후2184 ········ 84
대판 2017.4.7. 2014후1563 ············ 83
대판 2018.10.4. 2016다41869 ········ 81
대판 2019.1.31. 2017후424 ············ 88
대판 2019.1.31. 2018다267252 ····· 88
대판 2019.2.14. 2015후2327 ·········· 88
대판 2020.4.9. 2018후12202
··················· 89, 90, 91, 92, 93,
                95, 96, 98, 99, 100
대판 2020.4.29. 2016후2546 ·········· 88
대판 2021.4.8. 2019후10609 ·········· 85
대판 2022.1.13. 2021후10732 ········ 77
대판 2022.1.14. 2019후11541 ········ 79
대판 2022.1.27. 2019다277751 ····· 80
대판 2022.3.31. 2018후10923
····························· 84, 86, 87, 88

대판 2022.8.31. 2020후11479 ········ 75
대판 2023.1.12. 2020후11813 ········ 60
대판 2023.2.2. 2020후11738 ·········· 61
대판 2023.2.2. 2022후10210 ·········· 63
대판 2023.3.13. 2019후11800 ········ 65
대판 2023.7.13. 2021두63099 ········ 72
대판 2023.7.13. 2022후10180 ········ 73

하급심 판례

서울행정법원 2023.6.30. 2022구합89524
·· 66

특허법원 판례

특허법원 2006.2.9. 2004허8749 ····· 33
특허법원 2006.4.13. 2006허978 ·· 110
특허법원 2007.12.13. 2007허3257
·· 110
특허법원 2016.6.17. 2015허8226 ·· 97
특허법원 2017.5.19. 2016허4948 ·· 81

변리사 조현중 편저

- **약력**
  - 서울대학교 공과대학 화학생물공학부 졸업
  - 윌비스한림법학원 특허법 강사
  - 現) 골드제이특허법률사무소 대표변리사
    - 인마이제이 대표
    - 변리사스쿨 대표

- **주요저서**
  - 조현중 특허법 1차 기본서(윌비스)
  - 조현중 특허법 2차 기본서(윌비스)
  - 조현중 특허법 조문노트(윌비스)
  - 조현중 특허법 필기노트(윌비스)
  - 조현중 특허법 판례노트(윌비스)
  - 조현중 특허법 판례노트 핸드북(윌비스)
  - 조현중 특허법 최종정리 핸드북(윌비스)
  - 조현중 특허법 2차 사례집 핸드북(윌비스)
  - 조현중 특허법 서브집 핸드북(윌비스)
  - 조현중 특허법 O×문제집(윌비스)
  - 조현중 특허법 기출문제집(윌비스)
  - 조현중 특허법 2차 기출문제집(윌비스)
  - 조현중 특허법 객관식(윌비스)

조현중 특허법 최종정리 핸드북(제4판)

초 판 발행	2021년 01월 22일	제2판 발행	2022년 01월 07일
제3판 발행	2022년 12월 01일		
제4판 인쇄	2023년 12월 14일		
제4판 발행	2023년 12월 20일		

편저자　조 현 중
발행인　송 주 호
발행처　㈜윌비스
등　록　119-85-23089
주　소　서울시 관악구 신림로 129-1
전　화　02)883-0202 / Fax 02)883-0208

저자와의 협의에 의해 인지를 생략합니다.

ISBN　979-11-6618-684-4 / 13360　　　　　　　정 가 12,000원

이 책은 도서출판 윌비스가 저작권자와의 계약에 따라 발행하였습니다.
저작권법에 의해 보호를 받는 저작물이므로 본사의 허락 없는 무단 전재와 무단 복제를 금합니다.